Gerhard Wehr

Selbsterfahrung durch C. G. Jung

HERDER / SPEKTRUM
Band 4376

Das Buch

Keine Frage, das uralte Problem ist geblieben: Wer bin ich eigentlich? Was sind die Motive meines Tuns, die Ursachen meines Leidens? Auf diese und ähnliche Fragen lassen sich durch die Analytische Psychologie des großen Schweizer Psychologen und Psychiaters C. G. Jung überraschende Antworten geben. Ihm gebührt das Verdienst, zu einem tieferen und zugleich umfassenderen Verständnis der unbewußten Anteile der Seele gelangt zu sein: Nicht allein Vergessenes, Verdrängtes oder leidvolle Kindheitseindrücke finden sich hier, vielmehr offenbart sich in kreativen, schöpferischen und auch heilenden Kräften die andere Seite des überpersönlichen – kollektiven Unbewußten. Ganz konkret zeigt Gerhard Wehr, wie man sich die Ergebnisse der tiefenpsychologischen Erkenntnisbemühungen C. G. Jungs zunutze machen kann. Neben der anschaulichen Klärung notwendiger Fachbegriffe wie Tiefenpsychologie, Selbst-Werdung und Archetypus gibt der Autor leicht verständliche Sachinformationen und Ratschläge für den richtigen Umgang mit den eigenen Träumen – z. B. durch Führung eines Traum-Tagebuchs –, mit der Sprache der Märchen und Mythen sowie den Dokumenten religiöser Erfahrung. Ein praktischer Leitfaden, der die Möglichkeit eröffnet, die eigene Persönlichkeit besser zu erkennen, Träume zu deuten und kreatives Potential freizusetzen.

Der Autor

Gerhard Wehr, geb. 1931 in Schweinfurt, lebt als freier Schriftsteller in Schwarzenbruck. Er ist Mitglied in der Internationalen Gesellschaft für Tiefenpsychologie (Stuttgart) sowie der Münchner Arbeitsgesellschaft für Psychoanalyse (M.A.P.). Zahlreiche Publikationen.

Gerhard Wehr

Selbsterfahrung mit C. G. Jung

Herder

Freiburg · Basel · Wien

Gedruckt auf umweltfreundlichem,
chlorfrei gebleichtem Papier

Lizenzausgabe mit freundlicher Genehmigung des
Pattloch Verlags, Augsburg
Herstellung: Freiburger Graphische Betriebe 1995
Umschlaggestaltung: Joseph Pölzelbauer
Umschlagmotiv: Mandalazeichnung von C. G. Jung, 1916

ISBN 3-451-04376-9

Inhalt

Vorwort

Selbsterkenntnis ist gefragt
Versuch einer Annäherung

Am Ende des zweiten Jahrtausends hat das Interesse an Psychologie beträchtlich zugenommen. Verwunderlich ist das nicht. Seit Jahrhunderten hat sich die Menschheit um die Erforschung, die Entdeckung und Eroberung der äußeren Welt bemüht. Immer neue Bereiche wurden erschlossen – zuerst auf der Erde, dann sehr bald auch im Makrobereich bis hin zur Weltraumforschung, im Mikrobereich in Richtung auf die atomare und subatomare Welt. Leitlinie des Naturwissenschaftlers war es, sich selbst als Person weitgehend zurückzunehmen, um die Resultate seiner Experimente nicht zu verfälschen. In einem Satz: Die meßbare, wägbare, zählbare und schließlich die bis in die Erbsubstanz hinein manipulierbare Welt übte und übt noch eine ungeheure Faszination aus. Der Sog einer gewaltigen Extraversion, einer geradezu universellen Wendung nach außen, hätte kaum größer sein können, für ganze Generationen und für den einzelnen.

Dabei entstanden unversehens Leerräume. Der »Weltinnenraum« (so Rilke) war verlorengegangen. Zumindest war er als »nicht so wichtig« vernachlässigt worden. Wer wollte jedoch leugnen, daß der Atome spaltende, durch den Weltraum eilende, Gene operierende Mensch sich selbst nicht entfliehen kann? Wohin er sich auch wenden mag, immer nimmt er sich samt allen seinen Problemen mit, samt den zwischenmenschlichen und den ganz persönlichen.

Keine Frage, das uralte Problem ist geblieben: Wer bin ich eigentlich? Was sind die Motive meines Tuns, die Ursachen meines Leidens?

Selbsterkenntnis ist gefragt. Sie ist viel wichtiger als gemeinhin angenommen. Das bedarf keines Beweises. Die lange sträflich vernachlässigte Psyche meldet sich zu Wort, zum Beispiel in der Sprache unserer Träume. Hier ist der Seelenarzt gefragt, der Psychologe als Berater, als Vermittler und Dolmetscher beim Dialog mit der eigenen Seele. In allem spielt sie mit. Oder sie fährt alarmierend dazwischen. Bald durch Signale von innen, bald durch unliebsame »Zufälle« von außen.

Psychologen gibt es viele. Einer von ihnen ist C. G. Jung. Daß er vor anderen Vertretern seiner Wissenschaft immer stärker ins Blickfeld gerät in der westlichen – jetzt auch in der östlichen – Welt, kommt ebenfalls nicht von ungefähr. Nun kann es an dieser Stelle nicht darum gehen, lediglich seine Forschungsarbeit vorzustellen. Wichtiger ist der Versuch, eine Antwort auf folgende Frage zu geben: Wie kann ich mir Ergebnisse seiner tiefenpsychologischen Erkenntnisbemühung zunutze machen? Deshalb schließen sich an die knapp gehaltene Information über die Analytische Psychologie C. G. Jungs Hinweise und Ratschläge für den Umgang mit sich selbst.

Wie nötig ist eigentlich dieser Umgang? In seinem letzten Lebensjahr brachte Jung seine Einsichten auf einen einfachen Nenner:

»Je älter ich werde, desto tiefer bin ich beeindruckt von der Vergänglichkeit und Unsicherheit unserer Erkenntnis und desto mehr suche ich die Zuflucht bei der Einfachheit unmittelbarer Erfahrung, um den Kontakt mit den wesentlichen Dingen nicht zu verlieren ... Es ist sehr wohl möglich, daß wir die Welt von der verkehrten Seite anschauen und daß wir die richtige Antwort finden können, wenn wir unseren Standpunkt änderten und sie von der anderen Seite her betrachteten, das heißt nicht von außen, sondern von innen.«

Schwarzenbruck bei Nürnberg — Gerhard Wehr

Kapitel I

Blicke in die Tiefe

Das Wesentliche ist unsichtbar

»Das ist ja nur die Spitze des Eisbergs ...« – So lautet das oftmals gebrauchte Bildwort. Es will andeuten: Das, was soeben in Erscheinung getreten ist, kann noch nicht das ganze Ausmaß eines Sachverhalts sein. So wie ein Eisberg erst unterhalb des Wasserspiegels in seinem Gesamtumfang auszumachen ist, so mag es sich auch mit dem verhalten, was gerade bekannt wurde. Man müßte im buchstäblichen Sinn des Wortes »tiefer blicken«, um die jeweilige Wirklichkeit besser einschätzen zu können.

Auch in Hinsicht auf die menschliche Psyche könnte man von der »Spitze eines Eisbergs« sprechen. Das will besagen: Der Bereich unseres alltäglichen Bewußtseins, d. h. der Bereich dessen, was wir vorstellend, denkend und fühlend wahrnehmen, deckt sich offensichtlich nicht mit der Totalität des Seelischen. Es ist naturgemäß nur ein vergleichsweise kleiner Teil seelischer Wirklichkeit überschaubar. Der sehr viel größere Teil ist dem bewußten Zugriff unzugänglich, also unbewußt. Zum Beispiel das, was wir vergessen haben und was wir – aus erfindlichen oder unerfindlichen Gründen – nicht wahrhaben wollen. Neu ist diese Einsicht keineswegs. So sagte schon Heraklit, der griechische Weise von Ephesus im sechsten Jahrhundert v. Chr.:

»Der Seele Grenzen kannst du nicht ausfindig machen, auch wenn du jegliche Straße abschrittest, einen so tiefen Sinn (griech. ›logos‹) hat sie.«

Der Gang zum Unbewußten

Alte Weisheiten, die man von den Vätern (und Müttern!) ererbt hat, muß man gegebenenfalls von neuem erwerben, um sie zu besitzen. Das nahmen sich die Begründer der modernen Tiefenpsychologie zu Herzen, indem sie den Gang in die Regionen des sogenannten Unbewußten antraten.

Pioniere der Seele

Dabei war Sigmund Freud (1856–1939) bei weitem nicht der erste, der sich und seiner Zeit ein Bild von diesen verdeckten Dimensionen seelischer Wirklichkeit gemacht hat. Insbesondere Denker der Romantik im 19. Jahrhundert (Carl Gustav Carus, Gotthilf Heinrich Schubert, G. Th. Fechner u. a.) sprachen ihre diesbezüglichen Ahnungen und Einsichten aus. Friedrich Nietzsche verstand sich selbst als einen der großen »Seelenerrater«.[1]

Es handelt sich hierbei in der Hauptsache um ein intuitives, auf Analogieschlüssen basierendes Wissen um die untergründigen Seelenlandschaften des Traums und der Phantasie. Dabei ist gar nicht zu leugnen, daß der Künstler und der von inneren Impulsen angeregte Dichter aus Quellen schöpfen, die der Ratio und dem schlußfolgernden Denken verschlossen sind.

Weniger bekannt ist, in welch großem Maße auch Naturwissenschaftler, Entdecker und Erfinder von der unbewußten Führung in Gestalt von spontanen Einfällen abhängig sind, wenn ihr Schaffen eine Wendung zum Innovativen hin einschlagen soll. Als Carl Friedrich von Weizsäcker noch am Max-Planck-Institut für Physik in Göttingen tätig war, berichtete er (in den fünfziger Jahren) auf eine diesbezügliche Frage hin, wie es ihm bei seinen Forschungen ergehe:

C. F. von Weizsäcker

»Weiß ich, daß ich eine bestimmte Frage oder ein bestimmtes Gebiet bearbeiten will, so ist ein großer, oft die Grenzen der eigenen Kraft scheinbar übersteigender Aufwand bewußter Arbeit und Konzentration notwendig. Eine solche Anstrengung allein bringt aber eigentlich nie einen wirklichen Durchbruch, sondern nur dessen Vorbereitung oder die Ausführung, also das Gehen auf einem grundsätzlich schon bekannten Wege. Bei großer Konzentration beobachte ich gelegentlich, wie die Kraft weiterzuarbeiten in einer Weise, die wie das Ausgehen eines Brennstoffes empfunden wird, irgendwann aufhört. Wenn danach eine wirkliche Entspannung glückt – sie mag Minuten, Tage oder Monate dauern –, so kommt unter Umständen in einem unerwarteten Augenblick, zum Beispiel morgens beim Aufwachen, ein Einfall, der grundsätzlich die gestellte Frage beantwortet. Danach muß wieder konzentrierte Arbeit einsetzen, um den Einfall für den Verstand zu interpretieren.«[2]

Keimstätte des Schöpferischen

Die Einsicht, daß das Unbewußte die Keimstätte des Schöpferischen ist, sollte nicht als ein Vorrecht der Geistesgrößen angesehen werden. Es handelt sich um eine Erfahrungstatsache, die sich – so oder so – bei jedem einzelnen wiederholen kann.

Das Beispiel des Physikers und Philosophen Weizsäcker läßt sich unschwer in einen Ratschlag ummünzen, der in individueller Abwandlung erprobt werden kann:

Eine Anregung

Den Erfolg von Arbeiten, die Phantasie, auch Präzision und besondere Sorgfalt verlangen, die sich zugleich über einen längeren Zeitraum erstrecken, versuche man nicht zu erzwingen, vor allem, wenn sich Müdigkeit zeigt oder wenn sich Mißgriffe und Ungeduld einzustellen beginnen. Es lohnt sich, eine Pause einzulegen, um die Konzentrationskraft zu regenerieren. Vor allem wenn neue Einfälle und weiterführende Gedanken nötig sind, kann auf entsprechende Anstöße aus dem Unbewußten nicht verzichtet werden. Erfahrungsgemäß geschieht das, wie Weizsäcker berichtet, wenn man ein- oder mehrmals darüber geschlafen hat. Da beginnt das Unbewußte »mitzuspielen«, als gebe es den guten Geist, den geheimnisvollen Helfer, von dem die Märchen und Mythen erzählen. Oder gibt es den etwa nicht? Nur hüte man sich, anzunehmen, man könne mit einem datierbaren Automatismus rechnen. Besonders abzuraten ist auch davon, unablässig an das gewünschte Ergebnis zu denken. Dadurch blockiert man meist nur, was sich spontan einstellen kann. Eine vielbestätigte psychologische Weisheit spricht aus dem Bibelwort (Psalm 127,2): »Seinen Freunden gibt's der Herr im Schlaf!«

Und sei es – so könnte man das Psalmwort erweitern – in Gestalt von Träumen, die mehr sind als Überbleibsel vom vergangenen Tag, mit dem man noch nicht ganz fertig ist und dessen »Reste« uns bis in die nächtlichen Träume hinein verfolgen.

Sigmund Freud

Sigmund Freud, der Begründer der Psychoanalyse, wußte diese Überlieferung seiner hebräischen Väter als naturwissenschaftlich denkender Nervenarzt für seine Zeit und Nachwelt fruchtbar zu machen. Ihm kommt das unbezweifelbare Verdienst zu, eine wissenschaftlich vertretbare Schneise in das Unbewußte geschlagen zu haben. Er entwickelte die mit seinem Namen verknüpfte tiefenpsychologische Forschungsrichtung und Therapieform. Es gelang ihm, die rätselhafte Bildersprache der Träume und Phantasien zu entschlüsseln. Das ist zunächst einmal verallgemeinernd festzuhalten.

Persönliches Unbewußtes

Hier muß man aber auch differenzieren: Das Unbewußte, von dem in diesem Zusammenhang zu sprechen ist, setzt sich nicht nur aus dem zusammen, was wir einmal erlebt bzw. erlitten haben, jedoch vergessen oder ganz gern »verdrängen«, weil es uns nach den Moralmaßstäben unserer Gesellschaft als Tabu erscheint. Bei all dem handelt es sich um das persönliche Unbewußte, insofern es in irgendeiner Weise mit unserer Person zu tun hat. Die klassische Psychoanalyse Sigmund Freuds beschäftigt sich mit dieser Region seelischer Wirklichkeit.

Doch auch damit ist noch nicht die Gesamtheit der Psyche begrifflich erfaßt. Das ahnte und wußte wohl auch schon Freud. Aber erst seinem frühen Gefolgsmann und zeitweiligen Freund, dem Schweizer Psychiater Carl Gustav Jung (1875–1961), war es beschieden, auch noch die Grenzen der individuellen Psyche zum Transpersonalen hin zu überschreiten.

Kollektives Unbewußtes

Indem er konsequent die psychoanalytische Methode anwandte, ohne sich von irgendwelchen ideologischen Begrenzungen seines Vorgängers einschränken zu lassen, stieß er auf das überpersönlich-kollektive Unbewußte. Auch dieses manifestiert sich in Traumbildern und Phantasien bzw. Visionen. Diese Bilder und Figuren, diese Handlungsabläufe eines Traums sind aber so geartet, daß sie offensichtlich nicht auf persönliche Erlebnisse oder Erfahrungen zu beziehen sind. Und doch gehen sie den Menschen an, der diese Traumbilder hervorgebracht hat. Durch ihre eigentümliche Sprache sind sie nicht weniger ernst zu nehmen als andere Hervorbringungen des Unbewußten.

Archetypen

C. G. Jung spricht von »Archetypen«, um den urbildlichen, gesamtmenschheitlichen Charakter der Bilder und Symbole zu benennen. Wie wir noch sehen werden, geht von diesen Archetypen u. a. eine prägende und ordnende Kraft aus. Ihre Reichweite ist – ganz im Sinne Heraklits – beträchtlich, weil unausmeßbar. Es handelt sich offensichtlich nicht um bloße Bilder, sondern um ein seelisches Potential, dessen Bedeutung Fall für Fall gar nicht ernst genug genommen werden kann. Insofern könnte man die Jungsche Forschungs- und Therapieform archetypische Psychologie nennen. Gemeinhin wird sie aber als Analytische Psychologie bezeichnet. Wie es Jung gelang, in diese transpersonale Dimension vorzustoßen, sei anhand eines seiner eigenen Träume veranschaulicht.

»Die menschliche Seele und ihre Grenzen, der bisher überhaupt erreichte Umfang menschlicher innerer Erfahrungen, die Höhen, Tiefen und Fernen dieser Erfahrungen, die ganze bisherige Geschichte der Seele und ihre noch unausgetrunkenen Möglichkeiten: das ist für den geborenen Jäger und Freund der ›großen Jagd‹ der vorbestimmte Jagdbereich.«

Friedrich Nietzsche in »Jenseits von Gut und Böse«

Kapitel II

Ein »altes Haus« wird erkundet

Man schreibt das Jahr 1909. Seit einigen Jahren steht der vierunddreißigjährige C. G. Jung, derzeit Oberarzt an der psychiatrischen Burghölzli-Klinik in Zürich, mit dem Wiener Nervenarzt Sigmund Freud in einem intensiven, freundschaftlich-kollegialen Gedankenaustausch.[3]

Freuds epochemachendes Werk »Traumdeutung« (1900) und auch eine Reihe erster Arbeiten von Jung haben in der Fachwelt Aufmerksamkeit für die neue psychologische Forschungsrichtung erweckt. Aus den Vereinigten Staaten ergeht die ehrenvolle Einladung, zu Gastvorlesungen nach Amerika zu kommen. Beide Ärzte sagen zu, nicht zuletzt weil die sich über mehrere Wochen ausdehnende Schiffsreise eine willkommene Gelegenheit bietet zu näherer Bekanntschaft und zu intensivem wissenschaftlichem Meinungsaustausch. Dazu gehört vor allem auch eine wechselseitige Analyse. Der eine erzählt dem anderen die sich einstellenden Träume. Diese werden Morgen für Morgen eingehend besprochen und zu deuten versucht. Eines Tages hat Jung ein besonders aufschlußreiches, für sein weiteres Forschen bedeutsames Traumbild zu schildern:

Jungs Traum

Der Träumer befindet sich in einem unbekannten zweistöckigen Haus. Er hat nicht den Eindruck, schon einmal hier gewesen zu sein. Zuerst hält er sich oben in einer Art Wohnzimmer auf. Es ist mit schönen alten Möbeln im Rokokostil ausgestattet. Als er eine Treppe hinuntergeht, ist das Mobiliar verändert. Es ist sichtlich älter. Es könnte aus dem 15. oder 16. Jahrhundert stammen. Aus noch viel früherer Zeit ist die Einrichtung, je tiefer er hinuntersteigt, etwa der Keller und der übrige Unterbau, der bis in die römische Zeit zurückzuweisen scheint. Schließlich ist da noch eine Steinplatte zu heben, die auf schmalen Steinstufen in eine höhlenartige Tiefe hinabführt. Wie merkwürdig ist die ganze Umgebung! Da liegen Knochen, zerbrochene Gefäße und zwei alte, halb zerfallene Menschenschädel, wie sie in einem Gräberfeld der Vorzeit gefunden worden sein könnten.

Deutungsversuch

Jetzt geht es um die Deutung dieses rätselhaften Hauses. Daß es irgendwie mit dem Träumer zu tun hat, steht außer Zweifel. Aber wie fern mutet all das an, was sich in der Tiefe findet! Sollte es mit den historischen Interessen zusammenhängen, die Jung zeitlebens gepflegt hat? Oder sollte die psychoanalytische Theorie zum Tragen kommen, wonach das im Traum Erlebte einer Wunscherfüllung entspricht, die im Tagesbewußtsein nicht ausgelebt werden kann? Aber das hieße ja, daß der Träumer einen Todeswunsch geäußert haben könnte! Sollte Jung als angehender Rivale Freuds etwa ihm gegenüber einen solchen Wunsch hegen?

In seinen Erinnerungen erwägt Jung dies. Auch deutet er an, welchen Argwohn Freud seinem neunzehn Jahre jüngeren Kollegen gegenüber gehabt haben muß.[4] Daß eine an der psychoanalytischen Traumtheorie orientierte Deutung nicht weiterführt, wird ihm aber nach und nach klar. Denn ein Traum ist nicht allein von einem einzigen Bildmotiv her zu verstehen. Er entspricht eher einem Gewebe, in dem sich die verschiedenen »Fäden« des Bild- oder Handlungszusammenhangs verknüpfen, auch wenn einzelne Elemente den Eindruck erwecken, nicht dazuzugehören. Entscheidend ist nun, daß man unter Verzicht auf eine vorgefaßte Meinung den Traum auf sich wirken läßt und sich gegebenenfalls mit einer Annahme begnügt, die naheliegt.

Aspekte der Psyche

In unserem Beispiel handelt es sich offensichtlich nicht um ein Thema, das Jung allein betrifft. Denn was der Traum dadurch zeigt, daß er Milieus aus verschiedenen zeitlichen Schichten nacheinander folgen läßt, hat offensichtlich mit der Psyche als solcher zu tun. Folgt man der Interpretation, zu der C. G. Jung im Laufe der Zeit gelangt ist, dann entsprechen die verschiedenen Stockwerke des Hauses bestimmten Bewußtseinsebenen, also verschiedenen Verfassungen der Psyche. Danach symbolisiert der Wohnraum ganz oben das Tagesbewußtsein, während die darunter liegenden Schichten über das persönliche Unbewußte bis in archaische Seelenvergangenheiten zurückreichen. Und das alles in »einem Haus«. Das heißt: In jedem Menschen sind mit dem hellen Tagesbewußtsein im »oberen Stübchen« immer auch die sehr viel tiefer liegenden, die animalischen, kollektiven und damit gesamtmenschheitlichen Wurzeln präsent.

Erweiterung des Freudschen Ansatzes

Naturgemäß liegen sie nicht offen zutage. Man darf sie aber nicht außer acht lassen. Das »alte Haus«, das – ganz unabhängig von seinem realen Lebensalter – jeder Mensch ist, muß immer in seiner Ganzheit gesehen werden. Darin sind sich die Tiefenpsychologen der verschiedenen Richtungen im Prinzip einig. Jung war es beschieden, in Erweiterung des Freudschen Ansatzes, anhand dieser und ähnlicher Traumerfahrungen seine spezielle Erkenntnis der menschlichen Seele auszubauen. In seiner Schilderung hat er die Bedeutung dieses Traums so herausgestellt:

»Er gab mir die erste Ahnung eines kollektiven Apriori der persönlichen Psyche, das ich zunächst als Spuren früherer Funktionsweisen auffaßte. Erst später, bei vermehrter Erfahrung und zuverlässigerem Wissen erkannte ich die Funktionsweisen als Instinktformen, als Archetypen.«[5]

»Für mich sind Träume Natur, der keine Täuschungsabsicht innewohnt, sondern die etwas aussagt, so gut sie eben kann – wie eine Pflanze, die wächst, oder ein Tier, das seine Nahrung sucht, so gut sie es eben können. So wollen auch die Augen nicht täuschen, aber vielleicht täuschen wir uns, weil die Augen kurzsichtig sind. Oder wir hören falsch, weil die Ohren etwas taub sind, aber die Ohren wollen uns nicht täuschen. Lange bevor ich Freud kennenlernte, hatte ich das Unbewußte sowie auch die Träume, dessen unmittelbaren Ausdruck, als einen Naturvorgang angesehen, dem keine Willkürlichkeit zukommt.«

C. G. Jung[6]

Kapitel III

Wer sind Sie, Herr Jung?

Wer anderen rät, im besonderen wer anderen Führung und Geleit auf einem inneren Weg anbietet, der sollte nach seiner eigenen Wegerfahrung und nach seiner fachlichen Kompetenz befragt werden. Niemand kann einen anderen weiter bringen, als er selbst gegangen ist. Wer den eigenen geistig-seelischen Horizont eng gesteckt hat, von dem kann man nicht erwarten, daß er andere Menschen in tiefere Dimensionen der Wirklichkeit begleiten kann. Das gilt für jede Art von Seelenführung, für die spirituelle wie für die psychologisch-therapeutische. Zwar soll nicht der Eindruck erweckt werden, als könne man Jungs Lebensgang in den entscheidenden Etappen auf wenigen Seiten abhandeln. Auf einige grundsätzliche Gesichtspunkte, die der Orientierung dienen, aber sei aufmerksam gemacht.

Grundsätzliche Gesichtspunkte

Wer ganz ohne Vorinformation einen der umfangreichen Bände von C. G. Jungs Werkausgabe zur Hand nimmt, der mag erstaunt sein, wenn er sich plötzlich mit speziellen religions- und geistesgeschichtlichen Themen konfrontiert sieht. Darunter befinden sich Zeugnisse christlicher Mystik und Esoterik neben so abgelegen scheinenden Stoffen wie der Alchemie oder der fernöstlichen Spiritualität. Was soll das alles mit der Psychologie des heute und hier lebenden Menschen zu tun haben? Diese Frage wurde ihm mehrfach gestellt. Seine Antwort fiel stets so aus, daß er jeden Anspruch, etwa Philosoph, Theologe oder Religionswissenschaftler zu sein, entschieden ablehnte. Er wies alles spekulative Denken weit von sich und begriff sich als einen Empiriker, d. h. als einen Menschen, der die Erscheinungen des menschlichen Lebens und Erlebens genau beobachtet und vor einem tiefen Horizont der Wirklichkeit zu deuten sucht. Ansatzpunkt und Ziel seiner Bemühungen hat er einmal so umschrieben:

Jungs Selbstverständnis

»Ich bin ein Arzt, der es mit der Krankheit des Menschen und seiner Zeit zu tun hat und auf Heilmittel bedacht ist, die der Wirklichkeit des Leidens entsprechen. Psychopathologische Untersuchungen haben mich veranlaßt, historische Symbole und Figuren aus dem Staub ihrer Gräber zu erwecken. Ich habe gesehen, daß es nicht genügt, meinen Patienten die Symptome wegzukurieren ... Wir brauchen nicht so sehr Ideale als ein wenig Weisheit und Introspektion, eine sorgfältige religiöse Berücksichtigung der Erfahrung aus dem Unbewußten. Ich sage absichtlich ›religiös‹, weil mir scheint, daß diese Erfahrungen, die dazu helfen, das Leben gesünder oder schöner zu machen oder vollständiger oder sinnvoller zu gestalten, für einen selbst oder für die, die man liebt, genügen, um zu bekennen, es war eine Gnade Gottes.«

Dieses Selbstzeugnis des knapp Achtzigjährigen darf deshalb immer wieder herangezogen werden, weil es den ärztlichen Ausgangspunkt mit eben jenen Faktoren in Verbindung bringt, die den Menschen als das nach Sinn fragende Wesen zu begreifen suchen. Bloße Anpassung an die jeweiligen gesellschaftlichen Kollektivnormen und bloße Wiederherstellung der Funktionsfähigkeit etwa eines neurotisch belasteten Zeitgenossen hätten ihm nicht genügt. Aber was will die Vokabel »religiös« besagen?

Religiosität als Äußerung der Seele

Dieser Hinweis ist nicht etwa darauf zurückzuführen, daß Jung als Sohn eines evangelischen Pfarrers aufgewachsen ist. Religiosität meint nicht den Anschluß an eine bestimmte Religion oder Konfession. Sie ist viel eher Ausdruck eines Strebens nach Ganzwerdung, wobei die spirituelle Erfahrung den Ausschlag gibt. Nach Jung zählt Religion zu den frühesten Äußerungen der menschlichen Seele. Von daher gesehen kommt keine Art von Psychologie, die sich mit der Struktur der menschlichen Person befaßt, um die Tatsache der Wichtigkeit von Religion herum. Oder um es mit Jungs Worten auszudrücken:

»Religion scheint mir eine besondere Einstellung des menschlichen Geistes zu sein, welche man in Übereinstimmung mit dem ursprünglichen Gebrauch des Begriffs

›religiös‹ formulieren könnte als sorgfältige Berücksichtigung und Beobachtung gewisser dynamischer Faktoren, die aufgefaßt werden als ›Mächte‹: Geister, Dämonen, Götter, Gesetze, Ideen, Ideale oder wie immer der Mensch solche Faktoren genannt hat, die er in der Welt als mächtig, gefährlich oder hilfreich genug erfahren hat, um ihnen sorgfältige Berücksichtigung angedeihen zu lassen, oder als groß, schön und sinnvoll genug, um sie andächtig anzubeten und zu lieben.«[7]

Daß damit keine an einen bestimmten Kultus gebundene Übung gemeint ist, hat Jung immer wieder betont, denn:

Innere Erfahrung

»Psychologie befaßt sich mit dem Akt des Sehens, und nicht mit der Konstruktion neuer religiöser Wahrheiten, wo doch die schon bestehenden Lehren noch nicht eingesehen und verstanden sind. In religiösen Dingen kann man bekanntlich nichts verstehen, was man nicht innerlich erfahren hat. In der inneren Erfahrung erst offenbart sich die Beziehung der Seele zu dem äußerlich Vorgezeigten und Gepredigten als eine Verwandtschaft oder Entsprechung von ›sponsus‹ (Bräutigam) und ›sponsa‹ (Braut).«[8]

So gesehen ist die von Jung betriebene Psychologie in erster Linie eine Erfahrungswissenschaft. Und Erfahrungen sind es gewesen, die ihn zu seinen ausgedehnten Forschungsgebieten geführt haben. Von klein auf an naturkundlichen und geschichtlichen Tatbeständen interessiert und immer wieder durch innerseelische Wahrnehmungen sensibilisiert, vervollständigte er sein Medizinstudium durch die Fachausbildung zum Psychiater.[9] Mit Freuds grundlegendem Werk »Traumdeutung« (1900) wurde der junge Arzt schon bald nach dessen Veröffentlichung bekannt. Die Berufung an die psychiatrische Klinik »Burghölzli« der Universität Zürich eröffnete ihm die Möglichkeit, die psychoanalytische Theorie zu erproben. Diese noch sehr junge, ausbaufähige Forschungsrichtung stieß auf den Widerstand der akademischen Psychologie und auch

Begegnung mit Freud

der medizinischen Autoritäten. Jung exponierte sich, als er bereits selbst einen Namen zu verlieren hatte, und ergriff in eigenen Untersuchungen die Partei Freuds. Damit begann seit etwa 1906 jene Zeit der engen Zusammenarbeit zwischen Zürich und Wien.

Grenzen der Zusammenarbeit

Ein Ende fand diese Kooperation da, wo der Jüngere nicht bereit war, die dogmatischen Positionen (Sexualtheorie) des Begründers der psychoanalytischen Bewegung zu seinen eigenen zu machen. An dieser Stelle mag es genügen, die Kontroverse an zwei knappen Äußerungen der beiden festzumachen. So hatte Freud seinem Gesprächspartner mit großer Dringlichkeit eingeschärft: »Mein lieber Jung, versprechen Sie mir, nie die Sexualtheorie aufzugeben. Das ist das Allerwesentlichste. Sehen Sie, wir müssen daraus ein Dogma machen, ein unerschütterliches Bollwerk.« Und als Jung erstaunt zurückfragte, da antwortete Freud: »Gegen die schwarze Schlammflut des Okkultismus«, gemeint waren parapsychologische Sachverhalte. Jungs Kommentar in seinen Erinnerungen lautete:

»Zunächst war es ein ›Bollwerk‹ und das ›Dogma‹, was mich erschreckte, denn ein Dogma, das heißt ein indiskutables Bekenntnis, stellt man ja nur dort auf, wo man Zweifel ein für allemal unterdrücken will. Das hat aber mit wissenschaftlichem Urteil nichts mehr zu tun, sondern nur noch mit persönlichem Machttrieb. Es war ein Stoß, der ins Lebensmark unserer Freundschaft traf. Ich wußte, daß ich mich damit nie würde abfinden können.«[10]

Kritische Lebensmitte

Jung hatte die Lebensmitte erreicht, als diese Trennung erfolgen mußte. Es war die Zeit, als er in eine spirituelle Krise geriet, die ihn an die Grenze der Psychose und einer weitgehenden geistig-seelischen Desorientiertheit führte. Mit schonungsloser Offenheit hat Jung selbst diese Phase seiner Persönlichkeitsreifung geschildert. Er konnte dies, weil er sie durchstand, diese »Nachtmeerfahrt der Seele«. Die damit verbundenen Erfahrungen machten ihn kompetent für sein weiteres, in die Tiefenregionen der Psyche hineinreichendes Forschen und Therapieren. Von hier aus fällt auch ein erhellendes Licht auf seine Beschäftigung mit den großen Dokumenten der Menschheit: der antiken Gnosis, der mittelalterlichen Alchemie, aber auch den fernöstlichen Weisheitslehren. Seine »psychologischen Kommentare« lassen jedoch keinen Zweifel darüber aufkommen, daß der westliche Mensch aus den überkommenen Traditionen nicht willkürlich »auszusteigen« vermag.

Östliche Weisheit

Wohl war Jung davon überzeugt, daß »die rationalistische Auffassung nur einen Aspekt der Welt umfaßt, aber bei weitem nicht alle Möglichkeiten des Erlebens«. Die Innenwahrnehmung dürfe nicht ungestraft vernachlässigt werden. Dies ist einer der Gründe, weshalb C. G. Jung von vielen sich spirituell nennenden – berufenen und unberufenen – Bewegungen seit langem als Gewährsmann in Anspruch genommen wird. Dabei widersprach er denen energisch, die eine geistige Emigration befürworteten und Fluchtwege Richtung Indien oder Ostasien erproben wollten. Schon im Jahre 1930 trat er der »europäischen Anmaßung« ebenso entgegen wie einer Überschätzung östlicher Spiritualität:

»Dem geistigen Europa ist mit einer bloßen Sensation oder einem neuen Nervenkitzel nicht geholfen. Wir müssen vielmehr lernen zu erwerben, um zu besitzen. Was der Osten uns zu geben hat, soll uns bloß Hilfe sein bei einer Arbeit, die wir noch zu tun haben. Was nützt uns die Weisheit der Upanishaden, was die Einsichten des chinesischen Yoga, wenn wir unsere eigenen Fundamente wie überlebte Irrtümer verlassen und uns wie heimatlose Seeräuber an fremden Küsten diebisch niederlassen.«[11]

Westliche Tradition

Das Insistieren auf die »eigenen Fundamente« ist nicht allein auf die geistige Überlieferung des Westens (einschließlich des Christentums!) bezogen. Gemeint ist auch das Ernstnehmen all dessen, was aus der Tiefe des individuellen Selbst Mal um Mal hervortritt und nach Integration verlangt, nämlich um der Ganzwerdung (Individuation;

Selbstwerdung) willen. Das ist das eine. Auf der anderen Seite mißdeutete man Jungs Anliegen, erblickte man in ihm den Arzt, der nur die »Wirklichkeit der Seele« gelten läßt, weil »alles Psyche« sei.

Das konkrete Leben

Wer sich mit der Biographie C. G. Jungs gründlich genug beschäftigt, der wird nicht übersehen, wie hoch er das konkrete Leben und Arbeiten eingeschätzt hat: den Umgang mit den alltäglichen Dingen, selbst das Leben abseits der »Errungenschaften« moderner Zivilisation. Daß er sich mit eigener Hand in jahrelanger Arbeit ein entsprechendes Refugium erbaute, wo er diesem Streben nach Konkretion nachgehen konnte, spricht noch deutlicher aus, wer Carl Gustav Jung als ein nach Ganzheit suchender Mensch wirklich gewesen ist.

Wie er sich selbst eingeschätzt hat, geht aus einem Brief des Dreiundsiebzigjährigen an den englischen Dominikanerpater Victor White hervor:

Werkzeug sein

»Ich möchte niemand anderem einen Weg vorzeichnen, denn ich weiß, daß mir der Weg von einer Hand vorgeschrieben wurde, die weit über mich hinausreicht ... Ich versuche nur, ein bescheidenes Werkzeug zu sein, und fühle mich alles andere als groß.«[12]

Heinrich Zimmer 1943 über C. G. Jung:
»Das Glück, Jung unter die Menschen zählen zu dürfen, die an den Dingen, die ich (als Indologe) zu bieten hatte, Interesse zeigten, war für mich einer der Hauptgründe, weshalb ich die nächsten sechs Jahre (d. h. nach 1933) noch auf dem Kontinent verbrachte, trotz des immer wachsenden Druckes und der Gefährdung durch das Naziregime ...

Schon die Tatsache, daß die Natur möglich gemacht hatte, daß dieses einzigartige, gewaltige Exemplar der Menschengattung in mein Leben trat, (war und ist) eine der großen Segnungen meines spiritualen und schlechthin meines Erdendaseins.«

Kapitel IV

Elemente

Wie wirklich ist die Seele?

Das Verdienst, in der Seelenforschung Neuland betreten und die Traumdeutung als eine Art »Königsweg« in die Bezirke des Unbewußten gebahnt zu haben, ist nach wie vor Sigmund Freud zuzusprechen.

Durch das Medium der Seele

Sieht man sich nun C. G. Jungs Bild der menschlichen Seele an, dann ist von der »Wirklichkeit der Seele« auszugehen. Man mache sich nur mit der Tatsache vertraut, daß jede Wahrnehmung, sei es eine innere oder äußere, auf keine andere Weise als durch das Medium der Seele vermittelt wird. Bewußtes und im buchstäblichen Sinn des Wortes Nichtbewußtes ist psychischer Natur. Strenggenommen ist die Psyche Subjekt und Objekt in einem, wann immer psychologische Arbeit, vor allem im Dienst der Selbsterkenntnis, geleistet wird.

Alle Sinnesempfindungen, die gesamte auf dem Weg sinnlicher Wahrnehmung einflutende Welt ist nur durch die Abbildbarkeit der Objekte dieser Welt erfahrbar. Die menschliche Psyche wird damit zum Inbegriff der Vermittlung von Wirklichkeit, zumal sie sich nicht allein auf die abbildbare Außenwelt beschränkt, sondern darüber hinaus den weiten Bereich des psychischen Innenraums mit umfaßt.

Als Jung 1933 seine Aufsatzsammlung mit dem signifikanten Titel »Wirklichkeit der Seele« zusammenstellte, nahm er auch einen Vortragstext aus dem Jahre 1931 auf, in dem die einigermaßen provokante Feststellung enthalten ist:

Feststellung

»Im Grunde genommen sind wir dermaßen in psychische Bilder eingehüllt, daß wir zum Wesen der Dinge außer uns überhaupt nicht vordringen können. Alles, was wir je wissen können, besteht aus psychischem Stoff. Psyche ist das allerrealste Wesen, weil es das einzig Unmittelbare ist. Auf diese Realität kann sich der Psychologe berufen, nämlich auf die Realität des Psychischen.«[13]

Innere Instanz

Demnach ist die Wertschätzung dessen, was das Unbewußte bei wesensgemäßem Umgang darstellt, nämlich eine Erkenntnisquelle, keineswegs so illusionär, wie dies aus rationalistischer Sicht gemeinhin vermutet wird. Der Schweizer Psychosomatiker Balthasar Staehelin kommt vielmehr zu der für unsere Fragestellung wichtigen Einsicht, daß die subjektive innere Erfahrung ein unverzichtbares Werkzeug darstelle, »das, wenn es bewußt und kritisch angewendet wird, uns am ehesten in den Stand setzen kann, die heute so bitter nötige Korrektur am materialistischen Weltbild von gestern vorzunehmen. Die Wissenschaft einer neuen Gegenwart, will sie ihrer Verantwortung als erste Führerinstanz in der Welt nachkommen, kann auf das Werkzeug der subjektiven inneren Erfahrung nicht mehr verzichten. Mit der nur logischen Vernunft allein geht es nicht ... Denn das Zeitalter der ›Aufklärung‹ und des, wenn auch redlich gemeinten, Nur-Intellektualismus ist nun vorbei.«[14]

Inhalte und Dynamik der Psyche

Eine der Entdeckungen, die von dem einseitig rational orientierten Bewußtsein mit Erschrecken zur Kenntnis genommen werden mußte, ist die, daß es Bereiche gibt, die dem willentlichen Zugriff entzogen sind. Der Mensch mußte einsehen, daß er nicht »Herr im eignen Hause« ist. Oder, wie das eingangs wiedergegebene Traumbild zeigen wollte: In jenem Haus gibt es außer dem »Wohnraum« des Tagesbewußtseins noch einige andere, tiefer liegende, ihres unheimlichen Charakters wegen nur ungern aufgesuchte »Grüfte« mit archaischen Inhalten. Zunächst ist da das allgemeine, dem Bewußtsein entzogene Feld des Unbewußten. Von ihm sagt Jung:

Inhalte des Unbewußten

»Das Unbewußte ist nicht das schlechthin Unbekannte, sondern es ist vielmehr einerseits das unbekannte Psychische, das heißt all das, von dem wir voraussetzen, daß es, wenn es zum Bewußtsein käme, sich in nichts von den uns bekannten psychischen Inhalten unterscheiden würde. Andererseits müssen wir auch das psychoide (gemeint ist: das seelenähnliche) System dazurechnen, über dessen Beschaffenheit wir direkt nichts auszusagen wissen ... Alles, was ich weiß, an das ich aber momentan nicht denke; alles, was mir einmal bewußt war, jetzt aber vergessen ist; alles, was von meinen Sinnen wahrgenommen, aber von meinem Bewußtsein nicht beachtet wird; alles, was ich absichts- und aufmerksamkeitslos, das heißt unbewußt fühle, denke, erinnere, will und tue; alles Zukünftige, das sich in mir vorbereitet und später erst zum Bewußtsein kommen wird – all das ist Inhalt des Unbewußten.«[15]

Psychische Dynamik

Für eine erste Annäherung kann diese Bestimmung des zentralen Begriffs tiefenpsychologischer Wirklichkeit genügen. Sie muß aber noch ergänzt werden.

Nun ist jedoch die Psyche alles andere als ein in sich ruhendes oder statisches Gebilde, in dieser Hinsicht natürlich auch nicht der besagte »Eisberg«. Vielmehr ist ihr eine gewisse Dynamik zu eigen, wenn man auf die sich in ihr abspielenden Vorgänge blickt. Was die energetische Seite betrifft, so hat für sie bereits S. Freud die Bezeichnung »Libido« (für Verlangen, insbesondere nach sexuellen Handlungen) gewählt. C. G. Jung übernahm diesen Terminus. Er definiert ihn jedoch allgemeiner als Ausdruck für »psychische Energie«. Libido bleibt damit nicht nur auf die ebenfalls anerkannte, jedoch nicht ausschließlich sexuell ausgerichtete Triebregung beschränkt. Für diese allgemeinere Fassung spricht schon die Tatsache, daß psychische Energie von einem Objekt auf ein anderes verlagert werden kann. Man denke dabei etwa an das weite Feld symbolischer Handlungen. Symbole dienen unter anderem dazu, Libido auf dasjenige hinzulenken, was symbolisierend gemeint ist. Die religiöse und kulturelle Überlieferung kennt solche Gesten, wo etwa Essen, Trinken, Kopulieren (»Heilige Hochzeit«) usw. hohe spirituelle Bedeutung erlangt haben.

Überschreitung der Psychoanalyse

Die entscheidende Entdeckung, mit der Jung über die Positionen der klassischen Psychoanalyse S. Freuds hinausging, war die des nichtindividuellen oder kollektiven Unbewußten. Zunächst beschränkte man sich bei Freud auf die verdrängten und vergessenen Inhalte, wenn vom Unbewußten die Rede war: »Eine gewissermaßen oberflächliche Schicht des Unbewußten ist zweifellos persönlich. Wir nennen sie das persönliche Unbewußte. Dieses ruht aber auf einer tieferen Schicht, welche nicht mehr persönlicher Erfahrung und Erwerbung entstammt, sondern angeboren ist. Diese tiefere Schicht ist das sogenannte kollektive Unbewußte.«[16] Jung wählte diesen Ausdruck, weil auch die Inhalte nicht individueller, sondern eben allgemeiner und somit kollektiver Natur sind. Es handelt sich um »eine in jedermann vorhandene, allgemeine seelische Grundlage überpersönlicher Natur ... Die Inhalte des kollektiven Unbewußten sind die sogenannten Archetypen.«[17]

Entscheidend bleibt das Bewußtsein

Vorrang des Bewußtseins

An dieser Stelle ist ein Einschub unerläßlich, um keine Mißverständnisse aufkommen zu lassen: Die Tatsache, daß die Tiefenpsychologie sich mit den diversen Hervorbringungen des Unbewußten sowie mit deren Deutung beschäftigt, darf jedoch nicht den Eindruck erwecken, als sei das Bewußtsein von geringerem Wert. Davon kann nicht die Rede sein. Vielmehr ist es so, daß das am Ich orientierte Bewußtsein nicht nur den Ausgangspunkt, sondern auch die Prüfungsinstanz für all das darstellt, was an Bildern und Emotionen aus den Tiefen der Psyche heraufflutet. Grundsätzlich bleibt die Richtungsangabe von Bedeutung, die schon S. Freud gegeben hat, wenn er eine Tendenz psychoanalytischer Bemühung so zusammenfaßte:

»Was Es war, soll Ich werden.«

Rolle des Ich-Bewußtseins

Der hohe Wert des wachen Ich-Bewußtseins läßt sich unschwer einsehen, wenn man sich folgendes klarmacht: Träume, Phantasien, Visionen sind in der Regel dadurch charakterisiert, daß sie nicht in der äußeren Realität verwurzelt sind. Ihnen eignet etwas Schwebendes, Unstetes, Flüchtiges. Darin liegt ihr Positivum. Aber jede Einseitigkeit birgt Gefahren. Gelingt es diesen Tendenzen, einen Menschen zu beherrschen, dann verliert z. B. ein »großer Traum« das Beflügelnde, Zukunftweisende, das ihm seiner Natur gemäß innewohnt. Er wird zur Quelle der Illusion, wenn es nicht gelingt, das im Bild Geschaute, das Ersehnte in die Ganzheit menschlicher Wirklichkeit einzufügen, zu integrieren. Hierfür ist ein wirklichkeitsbewußtes Ich nötig, das den Kontakt mit der irdischen Realität nie aufs Spiel setzt.

Der Mangel an Ich-Stärke, ja der totale Ich-Verlust stellt andererseits das entscheidende Defizit dar, unter dem psychisch gestörte Persönlichkeiten leiden. Es gelingt ihnen nicht, das u. U. in grandiosen Bildern Geschaute an das Ich-Bewußtsein anzugliedern, gleichzeitig aber jede Verwechslung der Dimensionen zu vermeiden. Jung spricht daher von einer psychischen »Inflation«. Oder auf einen einfachen Nenner gebracht, könnte man mit dem Psychiater Heinrich Karl Fierz sagen:

»Es darf nicht vorkommen, daß man vor lauter innerem Erleben seine realen Pflichten auf allen Lebensgebieten, von der Familie bis zur Politik, vernachlässigt.«[18]

So gesehen ist das Unbewußte das zur seelischen Ganzheit Dazugehörige, das durchschaut und in seiner Bedeutung erkannt werden soll. Aber ohne Bewußtseinsklarheit sind auch unbewußte Inhalte ohne Wert.

- Jede Wahrnehmung wird durch das Medium der Seele vermittelt.
- Das Ich-Bewußtsein ist das alltägliche Wachbewußtsein. Mit ihm erleben wir die Außenwelt, planen und fassen Entschlüsse.
- Das Unbewußte speichert alles, was wir jemals mit den Sinnen wahrgenommen, gefühlt, gedacht, erinnert, gewollt, getan haben – also alles, was uns einmal bewußt war.
- Das Unbewußte besteht aus zwei Schichten:
  dem persönlichen Unbewußten, das der eigenen Erfahrung und Erwerbung entstammt;
  dem kollektiven Unbewußten, das eine angeborene, allgemeine seelische Grundlage von überpersönlicher Natur darstellt.

Wir tragen eine Maske

Wir schauen uns nun jene Elemente an, die für das Verstehen seelischer Wirklichkeit, auch für das Begreifen unserer Träume, wichtig sind. Dabei wählen wir als Einstieg den Weg von außen nach innen, von bewußtseinsnäheren zu bewußtseinsferneren Instanzen. Folgende Überlegung kann uns voranbringen:

Rollen, die wir spielen

Vom Ich als der Mitte unseres alltäglichen Wachbewußtseins war schon die Rede. Mit ihm überblicken wir die Welt um uns her, wir stellen uns der Mitwelt kritisch gegenüber, wir planen, fassen Entschlüsse. Wir werden als Ich tätig. Nun sind wir andererseits auch eingebunden in die soziale Realität. Im Gegenüber zu anderen Menschen »spielen« wir eine bestimmte »Rolle«, z. B. als Bürger, als Konsumenten, als Patienten, als Menschen, die in irgendeiner Weise abhängig sind, usw. Das gleiche gilt aber auch von unseren jeweiligen sozialen Partnern. Jetzt ist darauf zu achten, ob sie (bzw. ob wir) bei ihrem (bzw. wir bei unserem) Tun wirklich als Ich zum Zuge kommen oder ob das nur scheinbar geschieht, nämlich als Funktions- oder Rollenträger. In der Regel wird einem der Vorgang an anderen Menschen leichter bewußt als an einem selbst. Wir spüren es einfach, wenn wir für andere nur eine »Nummer« sind oder ein »Fall«. Es stört uns, wenn unser Gegenüber nicht als Individualität auftritt, sondern wenn er »seine Amtsmiene« aufsetzt, auf seinen Titel und Autorität bedacht, das Menschlich-Verbindliche von sich fernhält. Mitunter kommt es vor, daß man sich dabei ertappt, wie man sich im menschlichen Miteinander ebenso verhält.

Zugrunde liegt ein psychischer Faktor, die »Persona« (von lat. »personare«, durchtönen). Es handelt sich um eine »Maske«, wie sie in der Antike der Schauspieler trug. Damit war klargestellt: Es spricht und agiert hier nicht der konkrete Mensch, der er im alltäglichen Leben ist, sondern der griechische Gott, der Heros, die mythische Gestalt, deren Maske er trägt.

Schutzfunktionen

Sie, die Persona, hat zunächst eine durchaus positive Bedeutung. Es ist die Weise, mit der wir uns unserer Außenwelt zuwenden. Die Persona erfüllt eine Schutzfunktion. Jung bezeichnet sie als »Kompromiß zwischen Individuum und Sozietät«. Sie ist das, was man nötig hat, um »in Erscheinung« zu treten und sich »darzustellen«. Die Persona dient auch dazu, daß man einen Menschen in seinem sozialen Handeln erkennt. In dem Moment aber, in dem der Schwerpunkt des Menschlichen sich gleichsam in diese Persona hinein verlagert, so daß man nur noch Funktions- und Rollenträger ist – also Konsument, Kunde, Patient, Angestellter, der »Dienst nach Vorschrift« ableistet, und dergleichen –, in dem Moment, in dem man seine Menschlichkeit (Individualität) jedoch bis zur Unkenntlichkeit und unablässig hinter dieser Maske verbirgt, kommt das Ich zu kurz.

Es liegt auf der Hand, daß eine Massengesellschaft den Ich-Verlust geradezu fördert. Die Selbstwerdung wird unterbunden. Man folgt dem Trend, dem »man« eben folgt; tut das, was gerade »in« ist. (Die Mode ist bei weitem nicht die einzige Möglichkeit, das individuelle Ich gegebenenfalls zu verdecken.)

Ringen um Mündigkeit

Jene Selbst-Verwirklichung, die diese Bezeichnung verdient und die jedem einzelnen in der Gemeinschaft der vielen aufgetragen ist, wird gestört. Wer sich mit seiner Maske so identifiziert, daß er nur noch in seiner Arbeit, in seiner Funktion aufgeht, der wird als »mündiger Bürger« weder anderen noch sich selbst gerecht. Es ist andererseits hinreichend bekannt, wie leidvoll der plötzliche Verlust von Arbeit und Dienststellung vielfach empfunden wird. Nicht nur Menschen in leitender Position erleben diesen Verlust als eine Demaskierung. Es handelt sich um eine Amputation der Persona. Also ist es in der Bemühung um Selbsterkenntnis wichtig, daß man sich um die rückhaltlose Beantwortung der Frage bemüht:

Ist meine Persona, mit der ich der Gesellschaft gegenübertrete, meinem individuellen Ich angemessen, oder ist sie etwa durch irgendein kollektives Rollenverhalten aufgebläht, so daß ich ganz anders erscheine, als ich tatsächlich bin?

»Eine sozusagen richtig sitzende und funktionierende Persona ist eine Hauptbedingung psychischer Gesundheit.« (Jolande Jacobi)

Und Friedrich Nietzsche hat die grundlegende Maxime formuliert: »Du sollst der werden, der du bist!« Damit ist im Blick auf die anzustrebende Persönlichkeitsreifung bereits eine vorläufige Zielangabe gemacht.

Auch unser Schatten gehört zu uns

Verantwortung für den eigenen Schatten

Das ist eine Binsenweisheit, soweit es sich um den Schatten in der gegenständlichen Realität handelt. Nun gibt es offensichtlich auch im psychischen Bereich Schattenphänomene. Gemeint sind hier Negativerscheinungen, die wir – ähnlich wie bei einer auffälligen Persona – am ehesten bei anderen Menschen wahrnehmen. Sie können sich z. B. darstellen als Äußerungsformen des Unbeherrschtseins, eines rücksichtslosen oder unsozialen Verhaltens, der Taktlosigkeit und dergleichen. Treten solche Verhaltensweisen bei uns selbst auf, dann sind wir naturgemäß bestrebt, sie zu verbergen, abzuschwächen oder zu verleugnen. Wir wollen nicht wahrhaben, daß dieses »Alter ego« als »zweites«, eben als schattenhaftes Ich auch zu unserem Menschsein hinzugehört, folglich auch verantwortet werden muß. Nicht selten ist die mehr oder weniger verständnisvolle Kritik anderer Personen erforderlich, um uns auf unsere schattenhaften Züge aufmerksam zu machen. Wie wir noch sehen werden, kommt es im Verlauf der Selbstwerdung darauf an, die eigene Dunkelseite anzuerkennen und sich ihr als einer inneren Wirklichkeit zu stellen. Anzuerkennen wären damit jene Persönlichkeitsanteile, die als unvorteilhaft angesehen und daher gerne verdrängt werden.

Aspekte des Schattens

Von den vielen Aspekten und Erscheinungsweisen des Schattens, der sowohl der individuellen als auch der kollektiven Psyche zugehören kann, seien hier einige aufgeführt:

Es gibt z. B. Bilder, die aus dem Unbewußten aufsteigen und die in Dichtung, in Mythos und Märchen Verkörperungen gefunden haben, z. B. den Mephisto in Goethes »Faust« oder Hermann Hesses »Steppenwolf«, Negativfiguren und Bösewichter, wie Loki, in irgendeiner Weise vom Satan infizierte Menschen und kollektive Mächte, den biblischen Kain, der seinen Bruder Abel tötet, usw.

Schattenprojektionen

Der Schatten spielt im Rahmen der innerseelischen Dynamik eine wichtige Rolle. Gleichwohl wurzelt er in den Regionen des Unbewußten. Von dort manifestiert er sich aber nicht nur in den erwähnten ungern eingestandenen Fehlleistungen, sondern auch in den Träumen. Es handelt sich dann um irgendwelche »dunkle« Gestalten, die Widerwillen und Antipathie erzeugen. Schon von daher ergibt sich für die träumende Person die Notwendigkeit, derartige

Schattenfiguren nicht gelten zu lassen. Man kommt aber nicht auf den Gedanken, negativ besetzte Figuren des eigenen Geschlechts als Ausformungen der eigenen Schattenhaftigkeit in Erwägung zu ziehen. Bei der Besprechung des Traums wird auf diesen Gesichtspunkt zurückzukommen sein, denn derartige Schattenfiguren deuten meist auf die eigene Persönlichkeit, auch wenn wir sie auf andere projizieren. Projektionen dieser Art liegen immer dann vor, wenn wir etwas unbewußterweise auf andere Menschen, auf »die Gesellschaft«, die »Verhältnisse« übertragen, woran wir selbst nicht »schuld« sein wollen.

C. G. Jung hat im übrigen darauf aufmerksam gemacht, daß der menschliche Schatten der Instinktwelt nahesteht und daher nicht unberücksichtigt bleiben dürfe. Und wenn man lange Zeit auch gemeint hat, daß der Schatten Inbegriff und Quelle allen Übels ist, so sei an dieser Stelle nur erwähnt, daß er auch eine Reihe guter Qualitäten aufweist, die sich beispielsweise in als normal angesehenen Instinkten oder zweckmäßigen Reaktionen, wirklichkeitsgetreuen Wahrnehmungen, schöpferischen Impulsen und dergleichen niederschlagen.

Wir sind nicht nur männlich oder weiblich

So wie der Schatten in erster Linie unser dunkles Ander-Ich darstellt, das im persönlichen Unbewußten schlummert und sich immer wieder in charakteristischer Weise zu Wort meldet, so taucht noch ein anderes bedeutsames »Seelenbild« auf. Emma Jung, die tiefenpsychologisch geschulte Ehefrau des Begründers der Analytischen Psychologie, sagt hierzu:

Seelenbild im Unbewußten

»In uns macht sich zeitweise ein uns fremder Wille bemerkbar, der das Gegenteil von dem tut, was wir selbst wollen oder gutheißen. Es ist nicht notwendigerweise das Böse, das dieser andere Wille tut, sondern er kann auch das

Bessere wollen und wird dann als führendes oder inspirierendes höheres Wesen empfunden, als Schutzgeist oder Genius im Sinne des sokratischen Daimonion.«[19]

Und weil dieses Seelenbild im Unbewußten des Mannes weibliche Züge trägt, hat C. G. Jung folgende Wesensbestimmung getroffen:

»Jeder Mann trägt das Bild der Frau von jeher in sich, nicht das Bild dieser bestimmten Frau, sondern einer bestimmten Frau. Dieses Bild ist im Grunde genommen eine unbewußte, von Urzeiten herkommende und dem lebenden System eingegrabene Erbmasse, ein ›Typus‹ bzw. ›Archetypus‹ von allen Erfahrungen der Ahnenreihe am weiblichen Wesen ... Dasselbe gilt auch von der Frau. Auch diese hat ein ihr angeborenes Bild vom Manne ...«[20]

Animus und Anima

Damit lernen wir einen zentralen im kollektiven Unbewußten beheimateten Archetypus kennen: den »Animus« bei der Frau und die als weiblich vorzustellende »Anima« beim Mann. In dieser gegengeschlechtlichen Weise tritt das Seelenbild im Traum auf. Dagegen trägt der Schatten die Züge des eigenen Geschlechts. Lichte und dunkle Eigentümlichkeiten kann das Seelenbild von Anima und Animus auf sich vereinigen. Im Grunde kann die Anima (bzw. der Animus) sich in großer Vielfalt manifestieren, d. h. als eine berückende bis anbetungswürdige Frauengestalt oder als eine zerstörerische Hexe, eine Hure, eine Teufelin. Unnötig zu sagen, daß, ähnlich wie schon beim Schatten, Anima- bzw. Animus-Gestalten im Mittelpunkt der großen Menschheitsdichtungen, von Filmen und dergleichen stehen.

Bedeutung des Seelenbildes

Als Gradmesser unserer innerseelischen Befindlichkeit kann das Seelenbild nicht wichtig genug genommen werden, sei es im negativen Sinn, wenn eine Anima den Mann durch Wankelmütigkeit, Launenhaftigkeit usw. beherrscht, sei es im positiven Sinn, wenn die Anima zu phantasievollem, kreativem, erfolgreichem Tun beflügelt. Analoges läßt sich vom Animus im Unbewußten der Frau sagen. Negative Momente können Rechthaberei, Wichtigtuerei, kurz alles sein, was einem Mann in der patriarchalen Gesellschaft übel ansteht; als positive Züge des Animus lassen sich anführen: Selbstbewußtsein, Besonnenheit, mutiger Einsatz, partnerschaftliche Reife u.ä.

Da das Gesetz der Polarität und der Komplementarität in der Psyche immer wieder zur Geltung kommt, läßt sich von der Beziehung des Ich einerseits zur Persona, andererseits nach innen gewandt zum Seelenbild (Animus bzw. Anima) sagen: Die Persona hat die Aufgabe, zwischen dem Ich und der Außenwelt zu vermitteln; das Seelenbild schlägt eine Brücke zwischen dem Ich und der Innenwelt.

- Die Persona als Rolle oder Funktion, die man der Gesellschaft gegenüber einnimmt, muß dem individuellen Ich angemessen sein.
- Der Schatten ist unser negatives Alter ego, unsere dunkle Seite. Er wurzelt im Unbewußten und kann sowohl der individuellen wie der kollektiven Psyche angehören.
  Wir neigen dazu, die negativen Seiten unserer Persönlichkeit auf andere zu projizieren.
- Das Seelenbild ist ein im kollektiven Unbewußten beheimateter Archetypus. Bei der Frau nimmt das Seelenbild männliche Züge an (Animus), beim Mann weibliche (Anima).
  Das Seelenbild schlägt eine Brücke zwischen dem Ich und der Innenwelt und manifestiert sich in Träumen.

Der Mensch als Typus

Die allgemeine Redensart: »Das ist mein Typ« bzw. »Das ist nicht mein Typ« ist in der Regel nicht streng psychologisch zu nehmen. Und doch kommt darin das Interesse zum Ausdruck, einen Menschen einzuordnen, um sich schließlich selbst charakterlich zu bestimmen. Dieses Bemühen ist uralt. Der Versuch einer Typisierung fand bereits in der Antike seinen Niederschlag in der Herausstellung von vier Charakteren oder Temperamenten. Ebenso in der Darstellung von vier Elementen bei Empedokles, ihrer Zuordnung zu den Körpersäften bei Hippokrates sowie in der Erklärung der Blutbeschaffenheit bei dem Philosophen Aristoteles.

Psychologische Typen

Die moderne Psychologie hat eine Reihe zum Teil recht verschiedener Typologien entwickelt. Eine von ihnen ist die von C. G. Jung. Sie beruht auf der Basis langjähriger Erfahrung, die eines Tages, d. h. um 1920, ihre theoretische Abrundung gefunden hat. Es versteht sich, daß jeder Versuch einer psychologischen Menschenbestimmung von der Position und Blickrichtung aus geschieht, die der betreffende Forscher einnimmt. Von daher besitzt jedes Unternehmen dieser Art eine begrenzte Reichweite in bezug auf Gültigkeit und Aussagewert. Die Totalität und Einzigartigkeit der Persönlichkeit (Individualität) wird durch keine Typisierung erfaßt.

Jungs »Psychologische Typen« (1921) beantworten zwei Fragen:

1. Wie verhält sich die betreffende Person zu ihrer Mitwelt?
2. Welche psychische Funktion dominiert, welche ist weniger stark ausgeprägt oder liegt unausgebildet »im Schatten«?

In der Kombination der möglichen Antworten ergeben sich entsprechende Schlüsse über das Wesen des hierbei beobachteten Menschen.

Zu Punkt 1:

Extraversion – Introversion

Je nachdem, ob ein Mensch den Schwerpunkt seines Interesses auf die Außenwelt oder die Innenwelt ausrichtet, ist er als extravertiert oder als introvertiert anzusehen. Extraversion und Introversion stellen im Prinzip gleichwertige

Einstellungstypen dar. Sie bezeichnen Grundhaltungen, wobei die Beobachtung zeigt, in welch hohem Maße das gesamte gesellschaftliche Leben in der Gegenwart davon geprägt ist. Die Vertreter/innen der extravertierten Einstellung stellen sicher die Mehrheit dar. Ihr Typ ist »gefragt«. Entsprechend geringer bewertet werden Menschen, deren Interessen an inneren Erfahrungen, an der Pflege und Einschätzung »innerer Werte« orientiert sind. Interesse an der Welt der Objekte (Extraversion) oder Wendung hin zum Subjekt (Introversion), das ist hier die Frage. In psychologischer Beleuchtung kann man mit Jung sagen:

Die Einstellung des Introvertierten ist, »wenn normal, gekennzeichnet durch ein zögerndes, reflexives, zurückgezogenes Wesen, das sich nicht leicht gibt, vor Objekten scheut, sich immer etwas in der Defensive befindet und sich gerne versteckt hinter mißtrauischer Beobachtung«. Die Haltung des Extravertierten ist, »wenn normal, charakterisiert durch ein entgegenkommendes, anscheinend offenes und bereitwilliges Wesen, das sich leicht in jede gegebene Situation findet, rasch Beziehungen anknüpft und sich oft unbekümmert und vertrauensvoll in unbekannte Situationen hinauswagt, unter Hintansetzung etwaiger möglicher Bedenken«.[21]

Variable Einstellung

Wie bekannt, gibt es ausgeprägte und weniger ausgeprägte Typen. Im übrigen ist diese »Einstellung« variabel. Sie kann sich im Laufe des Lebens ändern. So kann man es als angemessen empfinden, in der ersten Lebenshälfte die Wendung nach außen dominieren zu lassen, während sich in der zweiten Lebenshälfte eine Kehre nach innen vollzieht und man der Frage nach dem Sinn, nach dem geistig-religiösen Welthintergrund stärker nachgeht, als dies vor der Lebensmitte der Fall gewesen ist.

Zu Punkt 2:

Funktionstypen

Abgesehen von diesen beiden Einstellungstypen stieß Jung bei seinen Forschungen auf vier verschiedene Funktionstypen. Sie basieren auf vier »Grundfunktionen«. Es sind dies zwei rationale: das Denken und das Fühlen, sowie zwei irrationale: das Empfinden (Wahrnehmen) und das Intuieren. Vom energetischen Standpunkt aus betrachtet, ist die Funktion eine Erscheinungsform der Libido, d. h. der psychischen Energie, die sich prinzipiell gleich bleibt. Jung spricht vom Denk-, Fühl-, Intuitions- und Empfindungs-Typus. Und auf folgende Weise lassen sich Einstellungs- und Funktionstypen miteinander kombinieren, so daß eine Reihe weiterer Möglichkeiten der Differenzierung gegeben ist:

Differenzierungen

»Alle Grundtypen können sowohl der einen wie der anderen Klasse angehören – d. h., sie können durch Introversion bzw. durch Extraversion bestimmt sein –, je nach ihrer vorherrschenden mehr introvertierten oder mehr extravertierten Einstellung. Ein Denk-Typus kann zur introvertierten oder zur extravertierten Klasse gehören, ebenso irgendein anderer Typus. Die Unterscheidung in rationale und irrationale Typen ist ein anderer Gesichtspunkt und hat mit Introversion und Extraversion nichts zu tun.«[22]

Es spricht für die Nüchternheit und Selbstbescheidung Jungs, wenn er als Arzt immer wieder darauf aufmerksam gemacht hat, daß sich seine Theorien nicht wie ein System mathematischer Lehrsätze anwenden lassen. Immer müsse man individuell vorgehen und den konkreten einzelnen zur Geltung kommen lassen:

Feststellung

»Ich bin keineswegs in der Lage, das Ganze der mir gegenüberstehenden Persönlichkeit zu beurteilen. Ich kann über sie nur gültig aussagen, insofern sie ein allgemeiner Mensch ist. Da aber alles Lebendige immer nur in individueller Form vorkommt und ich über das Individuelle des andern immer nur das aussagen kann, was ich in meinem eigenen Individuellen vorfinde, so stehe ich in der Gefahr, entweder den andern zu vergewaltigen oder selber dessen Suggestion zu unterliegen. Ich muß daher wohl oder übel, insofern ich überhaupt einen individuellen Menschen psychisch behandeln will, auf alles Besserwissen und auf alle

Autorität und alles Einwirkenwollen verzichten. Ich muß notwendigerweise ein dialektisches Verfahren einschlagen, welches nämlich in einer Vergleichung der wechselseitigen Befunde besteht.«[23]

Abb. 1: Einstellungstypen

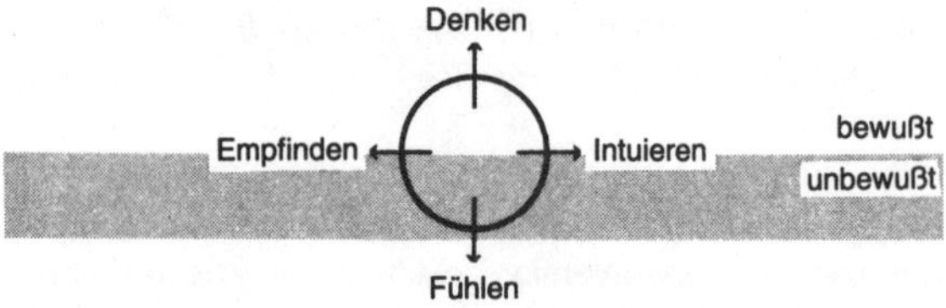

Extraversion

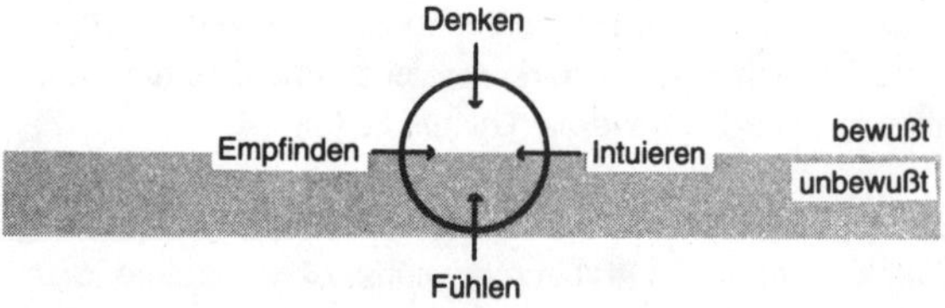

Introversion

- Der extravertierte Einstellungstypus legt den Schwerpunkt seines Interesses nach außen, der introvertierte nach innen.
- Dem dominierenden, bewußten Funktionstypus (z. B. Denken) steht der jeweilige Gegentypus (hier: das Fühlen) – gleichsam im unbewußten Schatten – gegenüber. Die beiden anderen Typen können als Hilfsfunktionen eine abgeschwächte Rolle spielen.

Das Selbst und die Selbstwerdung

Es liegt im Wesen der Analytischen bzw. Archetypischen Psychologie C. G. Jungs, daß sie sich nicht allein darauf beschränkt, den Menschen im Stand seines Soseins zu beschreiben, um ihn einen bestimmten Typus zuordnen zu können. Sehr viel mehr geht es darum, den Weg einer Reifung zu zeigen und dafür Erkenntnishilfen zu bieten.

Archetypus des Selbst

Der zentrale Archetypus ist das Selbst«, das mit dem bisher besprochenen »Ich« nicht verwechselt werden darf. Denn während das Ich als das Zentrum des Bewußtseins anzusehen ist, stellt das Selbst die für alles menschliche Existieren richtungweisende Instanz dar. Das Selbst ist Zentrum und Totalität in einem, insofern es – über das Ich hinausgreifend – nicht allein die bewußte, sondern auch die unbewußte Psyche umfaßt. Wird diese Feststellung ernst genommen, dann ist klar, daß Aussagen über dieses Selbst hypothetischen Charakter annehmen. Denn im exakten Sinn des eingangs zitierten Wortes von Heraklit sind »der Seele Grenzen« nicht auszumachen. Folglich wird niemand jemals in der Lage sein, dieses umfassende Selbst in seiner Ganzheit zu überblicken, geschweige denn zu verwirklichen. Lediglich in Symbolen bekundet es sich. Und so sind es denn auch die bedeutungsschweren und richtungweisenden religiösen Symbole der Menschheit – etwa Christus in der westlichen, Buddha oder das Tao in der fernöstlichen Welt –, die das Selbst eines Menschen zu repräsentieren vermögen.

Symbole des Selbst

In unseren Träumen deuten auf das Selbst solche Symbole hin, die durch ihre Gestalt Ganzheit (im Sinne von Vollständigkeit) ausdrücken, etwa der Kreis und die Kugel, das Quadrat und der Kubus, sodann Figuren, die an der Spitze einer Wertehierarchie stehen, etwa der König bzw. die Königin, die in den Volksmärchen eine so große Rolle spielen. Es kann sich auch um einzigartige Gegenstände handeln, um einen besonderen Stein, einen Kristall und dergleichen. Die Ausformung steht naturgemäß im Zusammenhang des übrigen Traumgeschehens. Oft geht eine bestimmende Wirkung von dem betreffenden Selbst-Symbol aus. Daher rührt auch der Eindruck, den es bei der betreffenden Person hinterläßt.

Individuation

Aus alledem ergibt sich die entscheidende existentielle Bedeutung des Prozesses der Selbstwerdung, den Jung als »Individuation« bezeichnet hat. Um vorweg einem Mißverständnis zu begegnen: Diese Selbstverwirklichung ist alles andere als eine Überbetonung des Ich mit seinen egoistischen Ansprüchen. Es handelt sich vielmehr um jenen Wachstums- und Reifungsvorgang, der sowohl das Geschehen als solches, das Unterwegssein als auch das Ziel des Menschen symbolisiert.

Bedeutsame Mythen

Wieder darf auf Mythen wie auch auf die religiösen Weisungen und Einweihungen von ehedem verwiesen werden, weil und insofern sie den Individuationsweg in dramatischen Bildern vergegenwärtigen, ob es sich dabei nun um die Suche des Gilgamensch, die Irrfahrten des Odysseus, die Gralssuche (Quest) Parzivals, Goethes Faust in seinem »immerstrebenden Bemühen« handelt. Entsprechendes gilt für die Symbolsprache der Märchen ebenso wie für die verinnerlichte Christusnachfolge der Mystikerinnen und Mystiker, die die »Unio mystica«, die mystische Gottesbegegnung bzw. die »mystische Hochzeit«[24], herbeisehnen – denn: machen, planen, bewirken läßt sich dieses spirituell Erstrebte nicht. Es liegt nicht im Verfügungsbereich des empirischen Ichs. Das Ich ist lediglich das Empfangsorgan.

Das Selbst als Instanz

Gleichwohl ist ein Einsatz erforderlich. Es sind Opfer zu bringen. Psychologisch gesprochen geht es um die Frage, ob das Ich bereit ist, die von ihm abgespaltenen Persönlichkeitsanteile der unbewußten Psyche bis zu einem gewissen Grad zu integrieren. Dabei ist das Selbst die entscheidende, das Geschehen steuernde Führungsinstanz. Darin äußert sich ohnehin der »Archetypus« im Jungschen Sinne. Dieser ist der Anordner, der heimliche, weil unanschauliche Dirigent des psychischen Geschehens, so auch der Selbstwerdung. Dieser hypothetische, weil nicht darstellbare Archetypus aber verhält sich zu den archetypischen Bildern und Symbolen wie der Prägestempel zur Prägung. Insbesondere übt der Archetypus eine eigenartige Wirkung auf den erlebenden Menschen aus. Das ist ein Beleg dafür, daß es sich beim Archetypus nicht allein um ein »Urbild« handelt, das gleichsam als Muster den sich manifestierenden Abbildungen zugrunde liegt. C. G. Jung kommt auf diese Eigenart zu sprechen, wenn er schreibt:

Energie der Archetypen

»Die spezifische Energie der Archetypen kann man wahrnehmen, wenn man die besondere Faszination erlebt, die sie begleitet. Archetypen scheinen einen besonderen Zauber auszuüben ... (Daher) können Mythen religiöser Natur interpretiert werden als eine Art geistiger Therapie für die Leiden und Ängste der Menschheit – Hunger, Krieg, Krankheit, Alter, Tod.«[25]

Dieser »Zauber« soll nicht etwa als ein magisches Geschehen mißdeutet werden. Im Zusammenhang der Selbstwerdung ist immer auch ein Zugewinn an Bewußtsein festzustellen, nämlich im Sinne einer Vertiefung, einer Intensivierung und Aufhellung des Bewußtseins. Seinen symbolischen Ausdruck findet dies im Motiv des Lichten, in den Träumen ebenso wie in den Mythen, deren Helden den Mächten der Finsternis widerstehen und selbst sonnenhafte Züge tragen.

Stadien auf dem Weg der Selbstwerdung

Es ist erstaunlich, wie viele Menschen zwar nach Selbsterkenntnis und Selbstverwirklichung verlangen, darunter aber in der Regel nicht viel mehr als die bessere Durchsetzungsfähigkeit ihres (gewöhnlichen) Ego verstehen, mit dessen Hilfe sie im »Lebenskampf« erfolgreich sein und Konkurrenten überflügeln möchten. Von einer solchen Ich-Aufblähung kann in unserem Zusammenhang jedoch nicht die Rede sein.

Notwendige Prozesse

Es ist vielmehr ein Weg zu gehen, der manche Unannehmlichkeiten mit sich bringt und der vor schwierige Aufgaben stellt. »Keinem wird etwas geschenkt«, lautet die Volksweisheit. Und in den Volksmärchen, die psychische Prozesse in bildhafter Form gestalten, tritt immer wieder ein Motiv auf, nämlich daß ein auf dem Weg befindlicher Mensch (z. B. die »Goldmarie« bzw. die »Pechmarie« im Grimms Märchen »Frau Holle«) eine Reihe von Aufgaben zu bewältigen hat. Diese Prozesse sind Stadien auf dem Weg, wie sie beim Prozeß der Selbstwerdung unterschieden werden können.

Normalerweise drängt sich niemand an eine Arbeit, bei der der Einsatz beträchtlicher ist als der Ertrag, der erwartet werden kann. Dem hat die Natur bzw. das auf den Weg drängende Schicksal vorgebeugt, indem es Schwierigkeiten gleich groben Klötzen auf die Bahn legt. Kurz gesagt: Es sind das all die Probleme, von denen man meint, daß man selbst »nichts dafür kann« oder daß andere daran schuld sind. Wenn wir nun von den Faktoren »Persona«, »Schatten« und dem Seelenbild »Anima« bzw. »Animus« gesprochen haben, dann sind damit einige der Elemente genannt, die Stadien auf dem Reifungsweg kennzeichnen.

Aufgaben der Integration

Auf einen einfachen Nenner gebracht, lautet die Zielangabe: Um zu seelischer Ganzheit (nicht moralischer Vollkommenheit!) zu gelangen, ist es nötig, daß man all die Faktoren erkennen lernt und in seinem Leben zur Geltung kommen läßt, die außerhalb des Bewußtseinshorizontes liegen oder die man aus diesem Horizont (durch Verdrängung oder durch Projektion auf andere) verbannen möchte. Das Gegenteil wäre in den noch zu nennenden Fällen nicht Projektion, sondern Integration bzw. Rücknahme dessen, was man auf andere projiziert hat.

Beginnen wir beim bewußten Leben mit den vier verschiedenen Funktionstypen (Denken, Fühlen, Empfinden, Intuieren): Ließen sich alle vier gleichzeitig ins Licht des Bewußtseins heben, wäre eine Vollständigkeit erreicht, die keinen unerhellten Bezirk übrig ließe. Der betreffende Mensch wäre dann ein Allroundgenie, das je nach Wunsch oder Bedarf bald die eine, bald die andere seelische Funktion einsetzen könnte. Nüchternerweise muß jeder von sich sagen, daß bei ihm eine Hauptfunktion und eine bzw. zwei Hilfsfunktionen zum Tragen kommen. Eine vierte Funktion wäre demnach unentwickelt. Man könnte also z. B. dem Denktypus oder dem Fühltypus stärker zuneigen, während andere Erlebnisfunktionen weniger stark oder überhaupt nicht entwickelt sind. Eine solche Funktion ist gleichsam ausgeblendet; sie steht im Schatten. Allein schon dies einzusehen und entsprechende Konsequenzen zu ziehen, entspricht einer Etappe in der Selbsterkenntnis.

Ich und Mitwelt

Die maskenhafte »Persona«, die gegebenenfalls den Menschen auf ein kollektives Rollenverhalten festlegen kann, so daß sein tatsächliches Menschsein zu kurz kommt, wäre auf ihr Normalmaß zurückzuführen. Die Persona entspricht zwar einer Weise, mit der das Ich sich seiner Umgebung sowie seinen Lebensumständen in Beruf und Gesellschaft zuwendet. Aber das darf nicht auf Kosten der selbständigen Persönlichkeit gehen. Andernfalls wird die hier gemeinte psychische Reifung behindert (Abb. 2).

Abb. 2: Ich und Selbst

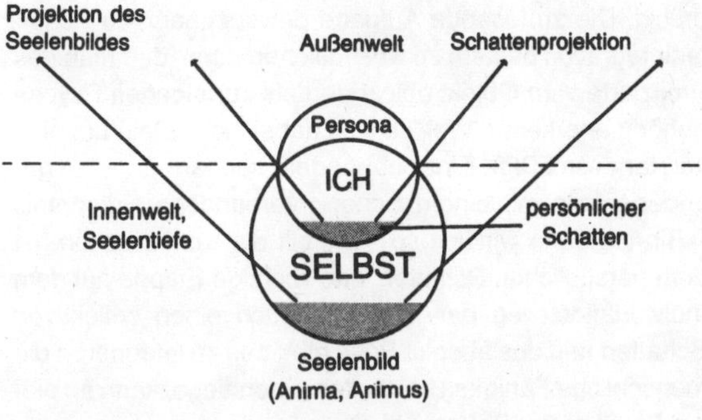

Ich und Persona

Daß Ich und Persona auseinanderzuhalten sind, ist unter Umständen eine nicht allzu schwer lösbare Aufgabe, sieht man einmal von Menschen ab, die beispielsweise »dienstlich« und »privat« so sehr miteinander vermengen, daß sie buchstäblich »immer im Dienst« stehen und daher kein Eigenleben zu kennen scheinen. Schwieriger scheint es dagegen zu sein, mit seinem Schatten zurechtzukommen. Er liegt, wie gesagt, im Unbewußten und wird auf Menschen und »Verhältnisse« projiziert. Da erweist sich ein Bibelwort (Matthäus 7,3) als eine wichtige psychologische Weisheit: Man sieht den Splitter im Auge des Mitmenschen recht genau; dagegen wird man des Balkens im eigenen Auge oft gar nicht gewahr!

Folgende Frage könnte zur Regel werden, wenn man einem unsympathisch anmutenden Menschen gegenübersteht: Was ist es eigentlich, was mich an dieser Person so sehr stört? Nicht selten ist damit der »neuralgische Punkt« bezeichnet, der mit der eigenen Schattenhaftigkeit zu tun hat. Man beobachtet beim anderen eigene, jedoch eben projizierte, weil schattenhafte Wesenszüge.

Projektionen zurücknehmen

Die Aufgabe besteht nun darin, diese Projektion zurückzunehmen. Das beginnt bei der selbstkritischen Aufmerksamkeit. Die damit zusammenhängende Integration kann verstanden werden als die Anerkennung der eigenen Unzulänglichkeit oder Blindheit, deren Kritik durch andere Menschen einen besonders schmerzt. Anders ausgedrückt: Die zu lösende Aufgabe der sogenannten Schattenintegration besteht im wesentlichen darin, daß man das Projizierte vom Objekt ablöst und als zur eigenen Psyche gehörig anerkennt. Weil es sich dabei nicht allein um eine verstandesmäßige Einsicht handelt, sondern um eine gegebenenfalls mit einem Schock verbundene Erkenntnis (»Bin ich denn wirklich so?«), stellt die Konfrontation mit dem persönlichen Schatten eine wichtige Etappe auf dem Individuationsweg dar. (Daß es auch einen kollektiven Schatten und das absolut Böse gibt, das zu integrieren die menschliche Fähigkeit bei weitem überstiege, kann an dieser Stelle außer Betracht bleiben.)

Konfrontation mit Anima bzw. Animus

Bisweilen wird die mehr oder weniger gelungene Bearbeitung des Schattens als ein Lehrlingsstück angesehen. Der Konfrontation mit dem Seelenbild kommt hinsichtlich des

Schwierigkeitsgrades eine höhere Wertigkeit zu. Am gegengeschlechtlichen Partner erlebt man gleichsam Wesenszüge, die in der Tiefenregion der eigenen Psyche veranlagt sind. Man erlebt sie deshalb an ihm, weil wiederum unbewußte Projektionen im Spiel sind. Man unterscheidet – ähnlich übrigens wie beim Schatten – eine innere und eine äußere Erscheinungsform von Anima oder Animus. Während die innere eine bildhafte Gestalt annimmt, etwa als eine gegengeschlechtliche Figur in Träumen und Phantasien, tritt das äußere Seelenbild mit konkreten Personen auf den Plan. Es kann für den Mann die faszinierende Frau bzw. der stark beeindruckende Mann für die Frau sein. In dem einen wie in dem anderen Fall wird nicht bewußt, daß es sich um etwaige Aspekte der eigenen Psyche handelt, die man an dem betreffenden Menschen feststellt.

Eine Faustregel

Als Grundregel kann gelten: Man ist einer Frau bzw. einem Mann nur so lange verfallen und weiß im vorneherein nichts von den Überraschungen, die sie einem bereiten können, wie man ihre wahre Natur nicht durchschaut hat. Die aber kann man nur in sich selbst erkennen.

Jolande Jacobi, die auf diese Zusammenhänge aufmerksam gemacht hat, erläutert hierzu:

»Die Beschaffenheit unseres Seelenbildes, die Anima bzw. der Animus unserer Träume, ist der natürliche Gradmesser unserer innerpsychischen Verfassung. Es verdient auf dem Wege der Selbsterkenntnis eine ganz besondere Beachtung ... Beim Animus gibt es ebenso wie bei der Anima die zwei Grundformen der lichten und der dunklen, der ›oberen‹ und der ›unteren‹ Figur, mit jeweils positivem bzw. negativem Vorzeichen.«[26]

Am eigenen seelischen Reichtum wachsen

Wiederum ist die Aufgabe der Integration – die des Seelenbildes – gestellt, um der Fülle des innerseelischen Reichtums bewußt zu werden und innerlich daran zu »wachsen«. Auf den Mann und den Umgang mit seiner Anima bezogen, kann das heißen: die aufsteigenden Gefühle, die sich plötzlich einstellenden Launen oder die unbewußten Phantasien nicht länger nur passiv an sich herankommen zu lassen, sich nicht ihnen zu überlassen, so bequem dies auch sein mag, sondern sie in irgendeiner Weise zu gestalten versuchen. Das kann beim Darübernachsinnen anfangen, und es kann gegebenenfalls einmünden in ein kreatives Tun, bis hin zu künstlerischem Gestalten (bildnerisch, darstellend). Das Gegenteil entspräche einem blinden Nachgeben gegenüber diesen Neigungen bis zur Unbeherrschtheit in jeder Beziehung. Dergleichen steht der Selbstverwirklichung im Wege.

Schrittweise Annäherung

Weitere Instanzen tauchen als Wegmarken des Individuationsprozesses auf. Hier mag es genügen, gezeigt zu haben, wie in der Persönlichkeit letztlich kein statisches Sein, sondern ein dynamisches Werden zu sehen ist. Es geht um eine schrittweise Annäherung an die Funktionen und Inhalte der eigenen Psyche, die einem wie ein unbekanntes Land erscheinen mögen. Subjekt ist dabei stets das wache, also urteilsfähige und aufgeschlossene Ich, das sich zum Selbst hin öffnet, jedoch ohne sich mit dem imponierenden Selbst zu verwechseln. Das entspräche einer gefährlichen »Inflation«, einer Aufblähung des Ich. Wirklichkeitsverlust und selbstzerstörerische Überheblichkeit wären die Folgen.

- Das Ich ist das Zentrum des Bewußtseins.
- Das Selbst umfaßt – über das Ich hinaus – sowohl die bewußte wie die unbewußte Psyche.
  Das Selbst kann durch Symbole erfaßt werden.
- Die Individuation, die Selbstwerdung, hängt von der Bereitschaft des Ichs ab, bestimmte Persönlichkeitsanteile der unbewußten Psyche anzunehmen.
- Diese Integration kann durch die gezielte Auseinandersetzung mit dem persönlichen Schatten erfolgen oder durch die bewußte Konfrontation mit dem Seelenbild, durch die positive Gestaltung von Gefühlen, Launen und Phantasien.

Die Selbstwerdung hat Vorbilder

Archetypische Gestalten

Was hier als ein individueller Prozeß und als eine Folge von Aufgaben skizziert worden ist, ist ein Menschheitsthema. Deshalb ist es – man kann sagen: seit Menschengedenken – wieder und wieder bedacht und gestaltend umkreist worden. Erneut möchte ich auf den unerschöpflichen Fundus der archetypischen Bildkompositionen verweisen, den die Traditionen der Völker und Kulturen in Religion und Dichtung enthalten. Es sind in der Regel Heldengestalten, Führerpersönlichkeiten, die wie Abraham, Buddha, Odysseus den Weg von der Heimat in die »Heimatlosigkeit« beschreiten. Es sind Menschen, die an ihren Aufgaben wachsen und so selbst ein Vorbild geben. Von diesen archetypischen Schilderungen geht seit je eine große Faszination aus. Deshalb sind Heldensagen – im weitesten, auch im modernen Sinn des Wortes – überaus wirksam. Sie spornen an und sie setzen Ziele. Dasselbe gilt für die damit verbundenen Ideale. Auch hier gibt es ein äußeres und ein inneres Verständnis. Es liegt in der Natur der Sache, daß der heranwachsende und der junge Mensch seine Helden bis in Aufmachung und Gestik hinein nachahmen will.

Zweite Lebenshälfte

Aber symbolische Bilder haben auch eine Innenseite, indem sie dem Menschen der zweiten Lebenshälfte sagen: Jetzt geht es nicht mehr so sehr darum, äußere Positionen zu erkämpfen, sondern die vom Schicksal vorgegebenen inneren Etappen des Weges zum Selbst und zum Lebenssinn zu durchschreiten. Davon sprechen die Menschheitsmythen und die Volksmärchen ebenso wie die religiöse Überlieferung. Sie warten darauf, als Wegweisungen individuell angeeignet zu werden.

Impulse von innen

Die Anstöße dazu müssen nicht von außen gegeben werden, weder durch Pädagogen noch durch Theologen oder kirchliche Autoritäten. Denn die Impulse kommen von innen, insbesondere in Gestalt der nächtlichen Träume. Um ihren »Wortschatz« zu verstehen, können die Bilder und Symbole der genannten Überlieferungsströme hilfreich sein. Sie können dies, weil urbildliche Symbolik, somit auch die religiöse Offenbarung mit demselben »irdenen Gefäß« (2 Korinther 4,7) empfangen wird wie der Traum und wie jede Hervorbringung des Unbewußten, d. h. durch die menschliche Seele.

Kapitel V

Praktiken

Zugänge zum Unbewußten

Nochmals sei an das eingangs erwähnte Bild vom Eisberg erinnert, von dem nur ein vergleichsweise kleiner Teil der gesamten Masse über die Wasseroberfläche herausragt. Wer nun davon ausgehen wollte, er kenne sich selbst, der unterliegt a priori, also vor einer tiefgehenden psychologischen Analyse, einem großen Irrtum, weil er das Feld seines Bewußtseins schon als die Gesamtheit seiner Persönlichkeit ansieht. Die andere, unbewußte Seite, die als nicht weniger wirklich angesehen werden darf, bleibt unberücksichtigt. Man bildet sich demnach ein Persönlichkeitsbild, das unvollständig sein muß.

Ein unvollständiges Persönlichkeitsbild

Das gleiche gilt natürlicherweise bei anderen Menschen, die man recht gut zu kennen meint, deren »Schatten«-Seite man jedoch noch nicht zu Gesicht bekommen hat. Nur zu bekannt sind die Täuschungen, die in solchen Fällen nicht ausbleiben können. Dabei ist – wie dargelegt – der Schatten nur eine Erscheinung der unbewußten Psyche, der personalen wie der überpersönlich-kollektiven. Von daher wird die Frage nach dem Unbewußten drängend. Wie kann ein Zugang gebahnt werden? Und was bringt gegebenenfalls eine derartige Auseinandersetzung?

Die Analytische Psychologie C. G. Jungs bietet hierfür folgende Methoden an:

Traumanalyse

1. Die Analyse der Träume. Sie basiert auf der Tatsache, daß sich jedes äußere Geschehen und jede innere Befindlichkeit in Bildern ausdrücken kann; sei es, daß Vergangenes symbolisiert wird, sei es, daß Gegenwärtiges unter einem vielleicht unbedachten Aspekt beleuchtet wird, sei es, daß Hinweise auf bevorstehende Lösungsmöglichkeiten eines Problems angedeutet werden. In jedem Fall gilt es, die rätselhaften Sinnzeichen zu ent-

schlüsseln und mit der Lebenswirklichkeit zusammenzubringen.

Aktive Imagination

2. Der zweite beschreitbare Weg ist der der Aktiven Imagination. Diese von C. G. Jung entwickelte Technik erlaubt es, unbewußte Inhalte dem Bewußtsein zugänglich zu machen, indem man zuläßt, daß symbolische Bilder unwillkürlich aufsteigen, und versucht, mit den dabei erscheinenden Figuren in Verbindung zu treten. Diese in erster Linie der Psychotherapie vorbehaltene Praktik hat den Vorteil, daß der sie ausübende Klient – im Unterschied zum Traumvorgang – wach und aktiv bleibt. Das Ich versucht, in einen Dialog mit den begegnenden Inhalten der Seelentiefe einzutreten.

Kreatives Gestalten

3. Ebenfalls auf der Bewußtseinsebene entstehen jene Bilder und Figuren, die als Resultate eines kreativen Gestaltens anzusehen sind. Es kann sich darum handeln, daß man Bilder nachzuformen sucht, die aus dem Unbewußten aufgestiegen sind (Träume, Phantasien). Man kann sich aber auch selbst ein Thema geben, das einem wichtig geworden ist. Es kann z. B. ein Motiv sein, das mit der gerade aktuellen Lebensproblematik zu tun hat. Die teils aus der Jungschen Psychologie, teils aus anderen Schulzusammenhängen schöpfende Kunsttherapie kommt hier in Betracht. Der Schwerpunkt liegt weder auf Herstellung von »Kunst«, noch geht es primär um eine »Analyse« des Geschaffenen. Dem kreativen Umgang mit gestaltbaren Stoffen, Formen und Farben wird ein Eigenwert zugesprochen.

Im folgenden wenden wir uns wichtigen Einzelaspekten dieser drei Praktiken (I–III) zu.

I Der Stoff, aus dem die Träume sind

Traumforschung

Obgleich die Fähigkeit zu träumen bereits in den ältesten Dokumenten der Menschheit reichlich bezeugt ist, behaupten manche Menschen, sie träumten ganz selten oder nie. Diese Auffassung ist durch die experimentelle Schlaf- und Traumforschung widerlegt. Zum einen fand man mit Hilfe des Elektroenzephalogramms (EEG) heraus, daß im Wachzustand andere Werte gemessen werden als im Schlafzustand. Dabei handelt es sich um Aufzeichnungen von »rhythmischen elektrischen Potentialschwankungen« (C. A. Meier). Sie werden von der Kopfhaut abgeleitet und hängen mit der Hirntätigkeit zusammen.

Andererseits sind seit langem die REM-Phänomene (Rapid Eye Movement) bekannt. Es handelt sich um ziemlich regelmäßig zu beobachtende Vorgänge. So treten bei jedem nächtlichen Schlaf circa alle neunzig Minuten rasche Augenbewegungen auf. In Tausenden von Versuchen bestätigte ein Großteil der Versuchspersonen, daß sie in solchen REM-Augenblicken geträumt haben. Daraus ist der Schluß zu ziehen, daß man jede Nacht mehrere Träume hat. Die ersten Traumphasen scheinen kurz zu sein und haben oft Anklänge an Erlebnisse des Tages zum Inhalt, während die für die Beschäftigung mit dem Unbewußten interessanteren Träume gegen Ende der Schlafenszeit liegen.[27]

Traumphysiologie

Die Erkenntnisse der Traumphysiologie sprechen immerhin für die große Bedeutung des Traums im biologisch-psychologischen Haushalt des Menschen. Über Inhalt und Bedeutung der jeweiligen Traumvorgänge ist durch die Messung von Hirnströmungen freilich nichts zu ermitteln. Man muß sich – heute wie einst – auf das verlassen, was in Form von Erinnerungsbildern über die Schwelle des Bewußtseins hinübergetragen werden kann. Das heißt: Auch wenn sich nachweisen läßt, daß ein möglichst ungestörter Traumvorgang für jeden Menschen wichtig und heilsam ist, so ist doch dem »Stoff, aus dem die Träume sind« gesonderte Aufmerksamkeit zu schenken. Der größtenteils unbewußt bleibende Traumvorgang ist das eine, das andere die Beschäftigung mit den Träumen. Sie ist deshalb ein Vorgang eigener Art, weil hierbei das bewußte Ich tätig wird. In der Traumarbeit geht es ja gerade darum, eine Übersetzungsarbeit zu leisten, die Botschaft aus den Tiefen der Seele ins Bewußtsein zu heben.

Dabei wird deutlich, daß das oberflächliche Sprichwort »Träume sind Schäume« nicht stimmt. Erforderlich ist freilich, daß man sich auf das Traumgeschehen einläßt, wie man sich auf ein fremdartiges Schauspiel konzentriert. Dieser Vergleich ist angebracht, weil wesentliche Momente des Traums einer Theateraufführung ähneln:

Die Sprache der Träume

Zunächst muß man sich mit der Sprache vertraut machen, die da gesprochen wird. Allzuoft mutet sie wie eine Fremdsprache an, vor allem wenn die Handlung mit rätselhaften Akteuren vor einer Kulisse spielt, die befremdliche Züge trägt. Ein anderer wichtiger Gesichtspunkt ist die Traumdramatik. Sie ergibt sich aus der Beobachtung, daß aussagekräftige Träume nicht nur Bilder wahllos aneinanderreihen. Man hat den Eindruck, ein unbekannter Regisseur ist am Werk gewesen, der dem Ganzen eine bestimmte Struktur gegeben hat. Aber auch noch andere Momente können für die Traumarbeit hilfreich sein.

Der Ausgleich, den die Seele schafft

Unterschiedliche Deutungshilfen

Für das Verstehen der Träume bieten die einzelnen psychologischen Schulen seit Freud zum Teil recht unterschiedliche Deutungshilfen. Das mag auf den ersten Blick verwundern. Man neigt daher vielleicht zur Frage: Wer hat recht? Welche Methode der Traumdeutung ist am effektivsten?

Nun ist es keinesfalls so, daß die eine Psychologie gegen die andere ausgespielt werden dürfte. Vielmehr spricht die Tatsache unterschiedlicher Deutungsversuche für den Perspektivenreichtum, über den das Traumphänomen verfügt. Je nach Standort und Art der Beobachtung variieren auch die dem Traum entnehmbaren Aussagen. Die Analytische Psychologie C. G. Jungs kann daher nicht den Anspruch erheben, die einzig maßgebliche Traumdeutung liefern zu können. Die Praxis zeigt allerdings, daß der Jungsche Beitrag wichtig genug ist, angewandt und im konkreten Fall auf seine Brauchbarkeit überprüft zu werden. Im übrigen steht es jedem frei, von Fall zu Fall andere Lehrmeinungen einzubeziehen. Beliebig auswechselbar aber sind die Theorien nicht, weil sie stets ihre eigenen Prämissen haben.

Traum als Wunscherfüllung

Im Gegensatz zu Sigmund Freud, der im Traum eine Art von Wunscherfüllung erblickte, ist eine der grundlegenden Einsichten, die sich aus dem Jungschen Ansatz ergeben, folgende:

... oder als Kompensation

Der Traum kompensiert die Bewußtseinslage des Träumers. Er liefert ihm bisweilen Bilder, die in einem deutlichen Kontrast zu seinem Alltag stehen. Man könnte meinen, die Psyche habe ein Interesse, Einseitigkeiten, die im bewußten Leben zustande gekommen sind, auszugleichen. Um diese Funktion wahrnehmen und den Wink des Traums verstehen zu können, muß man natürlicherweise die Lebensrealität des Träumers kennen. So können Menschen, die in ihrem Berufsalltag so stark durch technische und rationale Aufgaben in Anspruch genommen sind, daß das kreative Element zu kurz kommt, im Traum entsprechend korrigiert werden. Die Frage ist freilich, ob sie bereit sind, sich korrigieren zu lassen.

Hierfür ein Beispiel: Ein Großhandelskaufmann ist in seinem Betrieb für die EDV-Anlage verantwortlich. Er leidet unter der einseitigen Beanspruchung. Sein Traum führt ihn an die See. Er sitzt in einem Boot, aber statt zu rudern, taucht er einen großen Pinsel ins Wasser und bemalt das weiße Segel. Von ferne hört er Musik.

Einen Ausgleich schaffen

Der Appell, den die Trauminstanz gibt, ist deutlich. Das zeigt schon die überraschende Kulisse. An der See entfalten sich für ihn gleich zwei künstlerische Betätigungen, Malerei und Musik. Was das für ihn ganz persönlich heißt, wird natürlich nicht aus einem einzigen Traumbeispiel klar. Aber der Hinweis auf den erforderlichen Ausgleich ist gegeben.

Auf den Boden der Tatsachen

Andere kompensatorische Träume drücken sich nicht so unverblümt aus. Da ist – im zweiten Beispiel – jemand im Berufsleben rasch zu Erfolg und Ansehen gelangt. Der

Volksmund sagt in solchem Fall: »Der Erfolg ist ihm zu Kopf gestiegen« und »Er hat den Boden unter den Füßen verloren«. Eine Kompensation kann nun auf sehr unterschiedliche Weise erfolgen, etwa durch Träume, die vom Fliegen handeln, wobei die Landung nicht gelingen will. Der Traumtext bietet damit offenbar noch keine mögliche »Landehilfe« an, um auf den »Boden der Tatsachen« zu kommen. Aber der erste Schritt wäre, dem Träumer seine u. U. gefährliche Abgehobenheit deutlich zu machen. Eine beängstigende Note bekommen Träume, die bei ähnlicher Ausgangslage von einem Absturz handeln.

Warnungen beachten

Daß derartige Bilder eine prophetisch-warnende Note erhalten können, zeigt ein Fall, von dem C. G. Jung berichtet hat:

Einer seiner Patienten neigte zu riskanten Bergtouren. Eines Nachts sah er sich vom Gipfel eines hohen Berges aus in einen leeren Raum treten: »Als er mir diesen Traum erzählte, erkannte ich sofort die Gefahr, in der er sich befand, und riet ihm dringend zur Vorsicht. Ich sagte ihm sogar, sein Traum lasse einen Bergunfall ahnen. Aber es war umsonst. Sechs Monate später trat er wirklich ›ins Leere‹. Ein Bergführer beobachtete ihn und seinen Freund, wie sich beide an einem Seil zu einer gefährlichen Stelle hinabließen ... Beide stürzten ab und fanden den Tod.«[28]

Vorsorglich sei an dieser Stelle angemerkt, daß Träume mit derart katastrophalem Ausgang in den selteneren Fällen als Prophetien anzusehen sind. Die Trauminstanz muß sich gelegentlich einer so drastischen Bildsprache bedienen, um vom Ich überhaupt wahrgenommen zu werden.

Traumsymbole

Die Sprache des Traumes ist eine Bildsprache, wie jeder weiß. Und doch sind es Bilder anderer Art als das, was Tag für Tag an uns heranflutet. Es muß jedenfalls nicht sein, daß die in den Traumbildern auftretenden Personen Laute von sich geben. Oft laufen die Bildfolgen ab wie ein Stummfilm. Dennoch ist es eine beredte Sprache, die Bildsprache der Symbole.

Echte Symbole

Hier ist vorweg eine wichtige Unterscheidung zu treffen: Echte Symbole sind mehrdimensional, folglich auch mehrdeutig. Das macht ihren Reichtum, ihre Sinntiefe und ihre Lebensfülle aus, und zwar ganz gleich, ob es sich um (angeblich tote) Dinge handelt, etwa Gestein, Wasser, Pflanzen, Metalle, Gegenstände, oder um Lebewesen, Tiere und Menschen. Grundsätzlich kann alles den Charakter eines Symbols, d. h. eines Bedeutungsträgers annehmen. Man sieht es daran, daß der betreffende Gegenstand, das betreffende Lebewesen oder der Ort des Geschehens nicht etwas Bestimmtes verkörpert, das man mit Gegenständen, Lebewesen oder Orten identifizieren kann, die man aus eigener Beobachtung kennt. Was Symbole bedeuten, worauf sie hindeuten, was sie im konkreten Fall vergegenwärtigen, das muß man erst durch aufmerksames Hinsehen und Hinhören zu ermitteln versuchen. Dabei spielen der Bildzusammenhang und die den Traum begleitende Gefühlsstimmung eine ganz wesentliche Rolle. Gerade weil buchstäblich alles symbolfähig sein kann, sind alle Begleitumstände für eine Sinnerhellung wichtig. Von daher ergibt sich die Mehrdimensionalität und Mehrdeutigkeit eines symbolischen Bildes.

Eindeutige Zeichen

Anders verhält es sich mit Zeichen oder Piktogrammen, wie sie in Technik und Wissenschaft, im Straßenverkehr, im Sport und andernorts vorkommen. Dort geht es um eindeutige, unverwechselbare Signale, die ebenso bestimmte Aktionen oder blitzschnelle Reaktionen verlangen, ohne daß es besonderer Überlegung bedarf.

Bedeutungsvielfalt ...

Angesichts der Komplexität des Unbewußten und auf die Tatsache gegründet, daß sich Träume als Naturerscheinungen begreifen lassen, können nur mehrdeutige Symbole das Vokabular der Traumsprache darstellen. Daher wäre es ein Irrtum, zu meinen, es gebe ein für allemal gültige Traumsymbole. Man müsse sie nur wie Schablonen oder wie formelhafte Abkürzungen nehmen, und schon werde der Sinn der rätselhaften Bilder einsichtig. Dem ist aber nicht so.

... und Ambivalenz

Nehmen wir zur Veranschaulichung das häufig auftretende Symbol »Wasser«. Natürlich »weiß« die innere Instanz, die unsere Träume dirigiert und konstelliert, welch ein universeller Bedeutungsträger das flüssige Element ist: »Panta rhei – alles fließt« (Heraklit). Vielfach steht »Wasser« für die Fluten, die Tiefen und Untiefen des Unbewußten schlechthin. Damit rechneten nicht nur die seefahrenden Völker der Vorzeit. In der Kollektivpsyche der Menschheit hat sich Wasser in einem zweifachen Sinn tief eingeprägt: einmal als die das Leben ermöglichende und erhaltende Quelle, als der Brunnen, nicht zuletzt als der »Brunnen des Heils«; andererseits aber auch als die alles Leben ertränkende Urflut, die sich nach der Überlieferung verschiedener Kulturen über die Erde ergoß.

Hierzu zwei Traumbeispiele:

Eine Botschaft

Eine Gruppe von jungen Menschen ist an der See. Unter ihnen der Träumer. Mit anderen hat er ein Segelschiff bestiegen. Alles ist in bester Ordnung. Das Wasser ist ruhig, ideale Windbedingungen. Plötzlich naht die Katastrophe. Ein Sturm kommt auf, das Boot kentert. Während alle andern auf irgendeine Weise glücklich das Ufer erreichen, kämpft der Träumer mit den Wellen. Keiner scheint ihn zu sehen, keiner kann ihm helfen. Übergroße Angst ... In diesem Moment wacht er schweißgebadet auf. Er muß sich erst klarmachen, daß alles »nur« ein Traum war. (Daß ein solcher Traum eine alarmierende Botschaft an den Betreffenden ist, sei hier einmal beiseite gestellt.)

Harmonisierende Wirkung

Anders der sehr viel weniger dramatische Wassertraum eines Mannes um die Lebensmitte. Er scheint sich am Nilufer zu befinden. (Dies ist jedenfalls einer der Einfälle, den er der Analytikerin auf deren erste Rückfrage liefert.) Von einer Art Brücke oder Tribüne blickt er hinunter in die sich vorbeibewegenden Fluten. Da entdeckt er, daß das Wasser dunkel und schwer anmutet. Es bilden sich Wirbel darin, so als ob eine unsichtbare Hand den Fluß in einer rhythmisch-harmonischen Bewegung hielte.

Symbolfülle und Sinntiefe

Beide Male ist Wasser im Spiel. Das eine Mal als verderbenbringendes Element. (Es könnte sich auch um eine Flut handeln, die immer höher steigt und in ähnlicher Weise menschliches Leben bedroht.) Das andere Mal ist es das dunkle Gewässer, das befruchtenden Schlamm ins Niltal hineinträgt. (So assoziierte der Träumer seine innere Vision). Hier Wasser als lebenschaffendes, dort Wasser als lebenzerstörendes Element.

Was die Symbolfülle und die Sinntiefe anlangt, so kann man also nicht von eindeutigen Zeichen ausgehen. Man muß sich schon bemühen, um die Wertigkeit der jeweils auftretenden Symbole zu ermitteln. Meist ist das nicht sehr schwer. Man erlebt ja u. U. deutlich, ob es sich um eine positive oder um eine als negativ empfundene Situation handelt, die der Traum erzeugt hat. Auf diese Weise erhält das innerlich Geschaute ein positives oder ein negatives Vorzeichen. Auf einem anderen Blatt steht, ob es gelingt, die wesentlichen Bestandteile des Traums im Zusammenhang aufzuschlüsseln.

Signalqualitäten

Naturgemäß wohnt Symbolen, auch Traumsymbolen, eine gewisse Signalqualität inne. Auch hierfür einige Beispiele:

Pflanzen

Pflanzen jeder Art (Bäume, Blumen, Gräser usw.) stehen für Wachstum, für Leben und Gedeihen. Natürlich können Pflanzen auch wuchern, indem sie andere Gewächse ersticken; in Gestalt von Schlinggewächsen können sie einem Schwimmer gefährlich werden, indem sie ihn in die »Tiefe« ziehen. Was hierbei die Metapher der Tiefe besagt, wäre wiederum aus dem Zusammenhang von Traum und Lebensproblematik des Träumers zu ermitteln.

Tiere

Tiere stehen für beseeltes Leben. Da sind Emotionen, Gefühle, Empfindungen im Spiel. Der Differenzierungsreichtum ist beträchtlich. Man wird also darauf achten, was für ein Tier die Traumbühne betritt: ein Warm- oder Kaltblüter, ein Wasser-, Erd- oder Luftbewohner, ein gezähmtes Tier in Gestalt eines »treuen« Hofhundes oder ein schwarzer, kläffender Köter, der einen wieder und wieder in Alpträumen heimsucht.

Gegenstände Gebrauchsgegenstände, Handwerkszeug und dergleichen wird man daraufhin untersuchen, welche Funktion sie normalerweise erfüllen: ob diese Normalität auch im Traum gegeben ist oder ob etwa ein Gegenstand in einem ganz unpassenden Zusammenhang steht und daher besondere Aufmerksamkeit beansprucht.

Mineralien Steine und Metalle sind charakterisiert durch ihre Beschaffenheit, durch ihre Festigkeit und Stabilität, insbesondere durch ihren Wert. Dabei sind Gold, Silber und dergleichen Symbolträger besonderer Art.

Farben Entsprechendes gilt von Farben, durch die die betreffenden Gegenstände näher bestimmt werden. Sie kommen zwar nicht in jedem Traum vor. Aber bei der bildnerischen Gestaltung eines Traums kann es aufschlußreich sein, welche Farben man im einzelnen wählt, um dem Erlebten die adäquate Gefühls-»Färbung« zu geben.

Zahlen und Formen Zahlen, Formen und graphische Gebilde samt den damit verbundenen Zahlenverhältnissen sprechen ihre eigene Sprache. Hierbei steht die Vier, die dem Quadrat bzw. dem Kubus zugrunde liegt, ebenso für Ganzheit wie der Kreis (Sanskrit: »Mandala«). Als Raumkörper repräsentiert die Kugel die Totalität schlechthin, nämlich das Zielbild für Reifung im Prozeß des psychischen Wachstums und der Selbstwerdung (Individuation). Tauchen derartige imponierende Ganzheitssymbole auf, dann ist daraus nicht etwa der Schluß zu ziehen, »wie herrlich weit« man es bereits gebracht habe. Aber Bezug und Zielrichtung werden auf diese Weise unterstrichen.

Was diese knappe Andeutung von Symbolfeldern betrifft, so kann ein Lexikon der Symbolik und der Mythologie deswegen für das Verstehen der Traumsprache von Fall zu Fall von Nutzen sein, weil Traumsymbole letztlich aus demselben archetypischen Stoff gewoben sind, den die Menschheit schon in ihren religiösen und mythischen Überlieferungen empfangen hat. Man muß nur stets im Auge behalten, daß das aus dem kollektiven Unbewußten Hervorgebrachte im Traum stets eine individuelle Färbung erhält.

Nur so kann die Bildsprache dem bewußten Erleben verstehend zugeordnet werden.

Hierzu noch eine Grundregel, die sich auf Jungs Ausführungen zur Psychologie des Kind-Archetypus stützt:

Eine Faustregel

»Je archaischer und je ›tiefer‹, das heißt je physiologischer das Symbol, desto kollektiver und universaler, desto ›stofflicher‹ ist es, desto mehr nähert es sich der Natur bewußter Einzigartigkeit und Einmaligkeit und desto mehr hat es sein universales Wesen abgestreift.«

Das Drama auf der inneren Bühne

Traumtypen

Die Erfahrung zeigt, wie groß die Unterschiede im nächtlichen Traumgeschehen sind. Oft wacht man auf und hat lediglich noch das Bewußtsein, gerade geträumt zu haben. Die Inhalte, selbst das Thema und alle Einzelheiten haben sich verflüchtigt. Sie sind dem beobachtenden Zugriff entzogen. In anderen Fällen sind es beglückende oder bestürzende, in die Ratlosigkeit führende Bilder, die wie ergänzungsbedürftige Fragmente die Bewußtseinsschwelle passiert haben. – Sehr viel seltener sind die sogenannten »großen Träume«, die man nicht vergißt und die einen über viele Jahre, vielleicht ein Leben lang, begleiten können, weil sie mit einer erleuchtenden Einsicht oder mit einem besonderen, für das weitere Leben wichtigen Impuls versehen sind.

Solche Träume stellen kein formloses Chaos dar. Sie weisen vielmehr eine bestimmte Struktur auf, als seien sie von einem inneren Regisseur geplant und mit voller Absicht in Szene gesetzt.

Tagesrest-Träume

Aber ehe davon die Rede sein soll, ist eine viel weniger bedeutsame Art zu träumen wenigstens am Rande zu erwähnen. Es handelt sich um die sogenannten Tagesrest-Träume. Sie ergeben sich aus der relativ leicht einsehbaren Tatsache, daß uns manche Tagesereignisse oder Begebenheiten, die vor nicht allzu langer Zeit stattgefunden haben, auch noch im Schlaf zu schaffen machen, sei es, daß da noch etwas zu bearbeiten ist, sei es, daß einem gesagt werden soll, daß bei weitem nicht alles in unserem Leben von tiefer Symbolik erfüllt ist. Auch das Banale, das Belanglose ist plötzlich da, manchmal freilich mit bewußtseinsferneren Elementen verquickt.

Dieses bewußtseinsfernere Bildmaterial, das die Psyche hervorbringt, trägt bei aller Kürze die Signaturen einer dramatischen Dichtung. Folgen wir der Gliederung, wie sie von Jung gegeben worden ist, dann läßt sich – im übertragenen Sinn – ein Drama in vier Akten skizzieren.

Traum-Ort

Da ist erstens der Ort des Geschehens. Zu Beginn des Traums ist er in der Regel bald mehr, bald weniger deutlich erkennbar. Auch die Zeit und die Personen der Handlung kommen ins Bild. Das Interessante ist, daß die entscheidenden Dinge gleichsam in Personalunion arrangiert sind, denn nicht nur der Ort und die Personen sind mit dem inneren Regisseur identisch, sondern auch der Betrachter. Jedenfalls besteht eine Schauspieler-Zuschauer-Relation. Sie entspricht der Beziehung zwischen den aus dem Unbewußten aufsteigenden Bildern und dem Ich, das diese Bilder in den Bewußtseinsraum herüberholt und dort bearbeitet, wie man nach einer Theateraufführung über das Stück, die Schauspieler und die Regie diskutiert.

Traum-Thema

An zweiter Stelle steht die Exposition; gemeint ist die Herausstellung des Themas bzw. das im Traum behandelte Problem. Das im nachhinein betrachtende Ich mag fasziniert sein, wie der innere Textdichter in Verbindung mit dem Regisseur »die Sache« anpackt.

Höhepunkt

Der dramatische Schwerpunkt wird drittens durch eine Klimax gekennzeichnet. Die Handlung läuft auf den entscheidenden Punkt hin, wo der Erzähler zu sagen pflegt: »... und plötzlich trat dies und das ein.« Schlagartig wird die bisherige Situation verändert. Jetzt geschieht etwas Unerwartetes. Gegebenenfalls kann es eine schockierende oder selbst eine katastrophale Begebenheit sein.

Traum-Lösung

Der vierte Teil stellt den Schluß dar. Der dramatische

Traum hat, so oder so, seine Lösung (Lysis) gefunden. Nicht immer bleibt sie in Erinnerung. Manchmal trifft das auch auf den einen oder anderen Part zu, der weniger deutlich zu vergegenwärtigen ist. Es kann immer wieder auch der Fall eintreten, daß der Traum nach der Klimax jäh abbricht. Der Träumer ist mit dem kritischen Moment allein gelassen, so als wolle der Traumregisseur sagen: Jetzt bist du (das wache Ich) dran, um selbst nach einer Lösung zu suchen. Schließlich wird ja deine Geschichte gespielt.

Eine Traumstruktur

Das folgende Traumbeispiel verdeutlicht diese Abfolge:

1. Akt: Eine in der zweiten Lebenshälfte stehende Frau träumt, wie sie durch eine Gartenkolonie geht. Es ergibt sich das eine oder andere kurze Gespräch mit Bekannten, die in ihren Gärten beschäftigt sind.

2. Akt: Auf dem weiteren Weg wird der Träumerin zuerst gar nicht bewußt, daß die Bekannten aus der Szene verschwunden sind. Dafür geht plötzlich eine Gartentüre auf, und ein schwarzer Hund springt auf sie zu.

3. Akt: Die Angst ist groß. (Die Träumerin ist in jungen Jahren auf fremdem Grundstück von einem Hund gebissen worden.) Blitzschnell überlegt sie, was sie tun soll, denn schon ist der Hundekopf in Gesichtsnähe.

4. Akt: Da kommt ihr der spontane Einfall: Ich lege meine Wange an die Hundeschnauze. Mit dem Gefühl, soeben eine kalte Hundeschnauze eines ganz friedlichen Tiers berührt zu haben, wacht die Frau erleichtert und verwundert auf. Da dieser Traum in einer Serie anderer ähnlich motivierter Traumbilder produziert wurde, und die Träumerin Probleme hatte, mit ihren Emotionen im familiären Leben fertig zu werden, fiel es ihr nicht mehr schwer, zu begreifen, wie sie künftig dem »schwarzen Hund« begegnen sollte. Der war ihr in vorausgegangenen Träumen oftmals erschienen und hatte sie erschreckt. Von da an ließ er sich nur noch ganz selten blicken und wurde im Lauf der Zeit auch immer kleiner und harmloser.

Stufen der Deutung

Den Lebenszusammenhang beachten

Seit Menschengedenken stellen die Träume Rätsel dar, für die stets von neuem Lösungsmöglichkeiten gesucht werden müssen. Auch wer, wie jeder erfahrene Analytiker, einige zehntausend Träume bearbeitet hat, ist nicht in der Lage, das gerade aktuelle Traumgeschehen eines Klienten auf Anhieb zu entschlüsseln. Dazu ist ohnehin die Kenntnis des Träumers und seines Lebenszusammenhangs nötig. So hat Jung selbst mit großer Bescheidenheit eingestanden, daß er trotz der Fülle und Tiefe seiner Erfahrungen ein Lernender geblieben sei.

Objektstufe und Subjektstufe

Ein wichtiger Kunstgriff ist immerhin die von ihm getroffene Unterscheidung der jeweils anzuwendenden Deutungsstufe. Schon Arthur Schopenhauer vertrat die oben mitgeteilte Ansicht, daß das »Ich als heimlicher Theaterdirektor der Träume« anzusehen sei. Wenn bereits davon die Rede war, daß handelnde Personen und Regisseur in Personalunion agieren, dann ist nun eine Klärung erforderlich: Jung unterscheidet die landläufige Deutung auf der Objektstufe von derjenigen auf der Subjektstufe. Damit ist gemeint, daß es einerseits Träume gibt, bei denen die auftretenden Personen dieselben »Objekte« meinen, die sie darstellen. Man träumt beispielsweise von den Eltern, den Betriebskollegen, Bekannten, oder es treten andererseits Figuren auf, die man im alltäglichen Leben nie gesehen hat und die möglicherweise allerlei befremdliche Züge an sich tragen. Das eine Mal ist die Deutung auf der Objektstufe anzuwenden, in anderen Fällen sind Personen, Gegenstände, Situationen gar nicht auf die äußere Wirklichkeit zu beziehen. Sie spiegeln vielmehr die Situation des Träumers wider und müssen daher als Symbole der eigenen Psyche akzeptiert werden.

Hier die Regel:

Praktische Handhabung

Auf der Objektstufe sind alle Personen, Situationen und objektiven Gegebenheiten zu deuten, die man aus eigenem Erleben kennt und mit denen man schon in irgendeiner Weise zu tun hatte. Die Subjektstufe ist dagegen dort anzuwenden, wo davon abweichende Merkmale vorkommen. Es ist beispielsweise möglich, daß man zwar von Personen träumt, denen man in der Realität verbunden ist, die aber im Traum in irgendeiner Weise von der bekannten Norm (Kleidung, Auftreten, Handlungsweise, Umgebung u. ä.) abweichen. Diese Momente dürfen nicht unbesehen der bekannten Person zugemessen werden. Sie deuten auf psychische Befindlichkeiten der träumenden Person hin.[29]

Friedrich Nietzsche, der sich selbst als »Seelenerrater« bezeichnet hat und dessen Einfluß auf die moderne Tiefenpsychologie nicht zu unterschätzen ist, sagt in seiner »Morgenröte« einmal:

»Nichts ist mehr euer Eigen als eure Träume! Nichts ist mehr euer Werk! Stoff, Form, Dauer, Schauspieler, Zuschauer – in diesen Komödien seid ihr alles ihr selber.«[30]

- Verluste und Einseitigkeiten im bewußten Leben können im und durch den Traum ausgeglichen werden.
  Träume haben in manchen Fällen einen prophetisch-warnenden Charakter.
- Die Sprache des Traumes ist eine Bildsprache.
  Die Symbolik unserer Traumbilder ist mehrdimensional und somit mehrdeutig.
- Nicht jeder Traum ist auf Anhieb zu entschlüsseln.
  Auch der Gefühlseindruck will berücksichtigt sein.
- Nach C. G. Jung gibt es zwei Ansätze, um Träume zu deuten.
  Die Objektstufe: Personen, Situationen und objektive Gegebenheiten sind aus dem eigenen Erleben bekannt und wirken real.
  Die Subjektstufe: Reale Elemente im Traum sind durch ungewöhnliche Beigaben verfremdet.
  Handelnde Figuren und Situationen sind auf die träumende Person (das Subjekt) zu beziehen.

Fragen zur Praxis

Das bewußte Leben einbeziehen

C. G. Jung folgend, kann man in den Träumen Naturprodukte der menschlichen Psyche erblicken. Unter anderem kommen im Traum dramatisch-künstlerische Momente zur Geltung. Ein Kunstwerk spricht seine eigene Sprache auch dann, wenn der Betrachter über keine kunstgeschichtlichen Kenntnisse verfügt. Immerhin sind elementare Kenntnisse hilfreich. Ähnlich verhält es sich mit dem Traum. Zunächst will er als Gesamtbild angesehen werden. Und weil er als Bestandteil der Person-Ganzheit ernst zu nehmen ist, sollte seine kompensatorische Funktion beachtet werden, indem das bewußte Leben des Träumers in die Betrachtung mit einbezogen wird.

Fragen zur Traumdeutung

Da steht man nun vor dem Traumgeschehen, vor dem eigenen oder vor einem, das man erzählt bekommen hat. Was kann geschehen? Es seien hier einige Fragen zusammengestellt, die beim Einstieg dienlich sein können:

Vorklärung

1. Als Hervorbringer und Beobachter des Traums frage ich mich: Was habe ich in der jüngsten Zeit (tags zuvor, im Laufe der letzten Tage und Wochen) erlebt? Welche Personen oder Situationen meines Traums haben mit meinem alltäglichen Leben zu tun?
   Diese Vorklärung ist deshalb wichtig, weil man feststellen muß, ob es sich etwa um Tagesreste handelt, die sich im Traumbild manifestieren. Die Intensität, mit der sich diese Inhalte zu Wort melden, sagt etwas über die Dringlichkeit nicht genügend bearbeiteter Erlebnisse aus. Im übrigen hängt von der Beantwortung dieser Frage ab, ob der Traum auf der Subjekt- oder auf der Objektstufe zu deuten ist.

Wirklichkeitsbezüge

2. Inwiefern setzt der Traum einen kontrastierenden Akzent zu meinem Alltag? In welche Richtung geht die Anregung oder die Herausforderung?
   Daß Kontrastfiguren bzw. gegensätzliche Handlungen im Traum erscheinen, ergibt sich aus dessen kompensatorischer, Einseitigkeiten ausgleichender Tendenz.

Hier kommen – auf der Subjektstufe – jene Instanzen und Funktionen der unbewußten Psyche ins Spiel, die regelrecht projiziert werden: der »Schatten« in Form von Personen mit negativen Zügen; es sind Personen des gleichen Geschlechts. Sie verweisen auf die eigene Dunkelseite oder Defizite. Zum andern taucht das ebenfalls projizierte »Seelenbild« auf, das die Maske des anderen Geschlechts überzieht, die Anima beim Mann, der Animus bei der Frau.

3. Welche Problemfelder werden im Traum berührt, persönliche, zwischenmenschliche, solche aus der Gesellschaft oder der Zeitlage sich ergebende? **Problemfelder**
   Hier ist auf die Dramatik des Ablaufs ebenso zu achten wie auf die emotionale Seite. Unterschiedliche Bedeutungen drücken sich schon dadurch aus, ob das Traumerlebnis als harmonisch empfunden und mit Gleichmut verfolgt wird oder ob es Angst und Schrecken erzeugt.

In der psychotherapeutischen Traumanalyse wird eine Reihe von »Handgriffen« angewandt, um dem Traumsinn näherzukommen. Von Wichtigkeit ist dabei die Beobachtung von Traumserien, in deren Verlauf unter Umständen die sich konstellierenden Symbole Veränderungen erleben, weil der Klient eine Entwicklung durchmacht. Folgende für die Deutung erforderliche Schritte sind zu unternehmen: **Traumanalyse**

a) Zuerst ist der »Traumtext« zu erstellen. Es geht darum, die erinnerbaren Elemente vollständig zu schildern. Bei einer schriftlichen Fassung kann man dem oben erwähnten dramaturgischen Vierschritt folgen bzw. ihn kenntlich machen. **Den Traumtext erstellen**
b) Zum Grundtext, den der Traum darstellt, kommt jetzt der »Kommentar«. An bevorzugter Stelle steht das bewußt Erlebte, von dem man wissen kann, daß es in irgendeiner Weise mit den inneren Bildern zusammenhängt. Dazu gehören Eindrücke aller Art, z. B. Hoffnungen, Ängste, Probleme. **Erlebtes spricht mit**

Erste Reaktionen

c) Unerläßlich ist sodann der Eindruck, den der Traum auf den Träumer gemacht hat, welche Gedankenverbindungen sich für Personen und die Umstände spontan einstellen. Man soll sich klarmachen, mit welchem Gefühl man dem Ganzen gegenübersteht. Auf jedes vorschnelle psychologisierende Spekulieren wird man generell verzichten. Dagegen sind plötzliche Einfälle zu dem einen oder anderen Motiv interessant. Sie können einem »einfallen«, wenn man seinen Traum einer anderen Person erzählt, ganz gleich, ob es sich um einen Analytiker handelt oder um eine ganz ungeschulte Person. Auch deren Assoziationen können von Belang sein, denn hier ist nicht allein tiefenpsychologisches Wissen gefragt, sondern das »Mitsprechen« des Unbewußten eines anderen Menschen.

Mit verwandten Motiven anreichern

d) Inhaltsreiche Träume weisen immer wieder Motive auf, die einem so fremd und geheimnisvoll erscheinen, daß sich keinerlei Gedankenverbindungen ergeben wollen. Hier ist eine Methode anwendbar, die C. G. Jung entwickelt und aufgrund seines reichen historischen und mythologischen Wissens mit großem Erfolg eingesetzt hat, die »Amplifikation«. Dabei geht es um eine »Anreicherung« (von lat. »amplificare«, erweitern) eines gänzlich fremdartigen, jedoch eindrucksstarken Elements mit ähnlich motivierten Bildern aus dem Mythos, der Religion, der Märchenüberlieferung u. ä. Um es mit einem Bildvergleich auszudrücken:

Man hat einen Teil des Traummosaiks zusammengestellt. Dabei zeigt sich, daß an wichtiger Stelle ein weißer Fleck übriggeblieben ist, der sich durch keinen Einfall und dergleichen sinnvoll füllen läßt. Hier ist die Amplifikation anwendbar. Das geschieht in der Analyse ersatzweise dort, wo der Träumer keine Einfälle hat. Jungs Nachfolger als Dozent an der Eidgenössischen Technischen Hochschule (ETH) in Zürich, Carl Alfred Meier, gibt ein solches Beispiel[31]:

Ein Beispiel

Ein Patient erzählte ihm einen Traum, in dem es um einen zunächst erfolglosen Fischzug ging. Zu einem bestimmten Zeitpunkt fiel der Blick des Träumers auf einen

»dreizackigen Speer«, und sofort hatte er Erfolg. Er konnte einen prächtigen Fisch damit aufspießen.
Der Analytiker bot zur Deutung des Speers den Dreizack des Poseidon an, »eines der mächtigsten Götter«. Die in ihren Einzelheiten hier nicht nachzuerzählende Traumanalyse und Amplifikation führte dazu, daß im Kontext dieses speziellen Falles der Dreizack sich als heilkräftiges Instrument für den betreffenden Patienten erwies.

Leibreiz-Träume

Daß der innere »Theaterdirektor« sich auch dort symbolisch artikuliert, wo keinerlei Tiefsinn angebracht ist, zeigen sogenannte »Leibreiz«-Träume: Da wird jemand von einem großen Nagel durchstoßen. Man denke aber nicht gleich an Martyrium oder an Christi Passion, denn der Träumer stellte nach dem Aufwachen fest, daß ein körperlicher Reiz die Ursache war; ein Strohhalm war zwischen zwei Fußzehen geraten ...

II Aktive Imagination

Zwiesprache mit dem Unbewußten

Spätestens seit Sigmund Freud gilt der Traum bzw. die Traumdeutung als »Königsweg zum Unbewußten« (»via regia«). Darüber hinaus hat die Tiefenpsychologie C. G. Jungs eine Methode entwickelt, die geeignet ist, das Unbewußte selbst zu Wort kommen zu lassen. Es handelt sich um die »Aktive Imagination« als eine Weise der dialektischen bzw. dialogischen Auseinandersetzung mit dem Unbewußten. Während der Traum zur Deutung einlädt, geht es bei der Aktiven Imagination darum, daß das Ich, also das Bewußtsein, in einer ähnlichen Weise Beziehung zu Figuren der Seelentiefe aufnimmt, wie man mit einem konkreten Menschen spricht und ihm zuhört. Die Tatsache, daß hierdurch auch die Tiefenschichten der kollektiven Psyche belebt werden können, signalisiert, welche Behutsamkeit bei der Handhabung dieser Methode geboten ist.

Praktische Vorgehensweise

Die Vorgehensweise als solche ist einfach: Man konzentriert sich auf ein bestimmtes Bild oder ein Ereignis und läßt dann die Tätigkeit der Phantasie zu. Das ist aber kein vom Willen gesteuertes Phantasieren nach Art der Tagträumereien, die von individuellen Wünschen gegängelt werden. Vielmehr läßt man die innere Bildtätigkeit sich selbst entfalten. Man wartet also darauf, wie das Ausgangsbild sich verändert. Dann kann man darauf reagieren, etwa indem man seinen Gefühlen Raum läßt oder damit, daß man aufsteigende Figuren – gleich welcher Art – befragt und ihnen antwortet.

Ein wichtiger Rat

Dabei handelt es sich um eine offene Situation. Und es ist also nicht abzusehen, was sich aus dem in Gang gekommenen Prozeß ergibt, in welche Richtung er sich bewegt. Darin liegt die Chance, aber auch die Problematik der Aktiven Imagination. Deshalb gibt Barbara Hannah, eine englische Mitarbeiterin C. G. Jungs, folgenden Rat: Der Weg in die Aktive Imagination solle nie unternommen werden »ohne eine feste Beziehung zu jemandem, der das verstehen wird oder zumindest mitfühlt, denn manchmal führt der Weg in so kalte und unmenschliche Tiefen, daß menschliche Gemeinschaft absolut notwendig ist ... Obwohl es wesentlich ist, menschliche Kameradschaft zu haben, auf die man vertrauen kann, ist die Aktive Imagination eigentlich eine sehr individuelle und sogar einsame Sache.«[32]

Sie erscheint angebracht, wenn entweder ein »Überdruck des Unbewußten« besteht, zum Beispiel eine Flut von Träumen und Phantasien auftritt. Aber auch wenn andererseits der »Fluß« innerer Bilder nicht in Gang kommen will und die Schwelle zwischen dem Unbewußten und dem Ich blockiert zu sein scheint. Marie-Louise von Franz, eine der wichtigen Vertreterinnen der Jungschen Psychologie, ergänzt hierzu:

Ergänzender Hinweis

»In allen Fällen aber, wo innere Selbständigkeit gesucht wird, bietet die Aktive Imagination eine einzigartige Möglichkeit, diese zu verwirklichen. Das Element der raschen, wirkungsvollen Selbstbefreiung von obsedierenden Affekten und Vorstellungen macht die Aktive Imagination zu einem besonders wichtigen Instrument für den Psychotherapeuten selber.«[33]

Die Stadt mit dem flammenden Kreuz-Mandala malte Jung in Erinnerung an seinen großen Traum vom 22. Januar 1914, der den Ausbruch des Ersten Weltkrieges ankündigte.

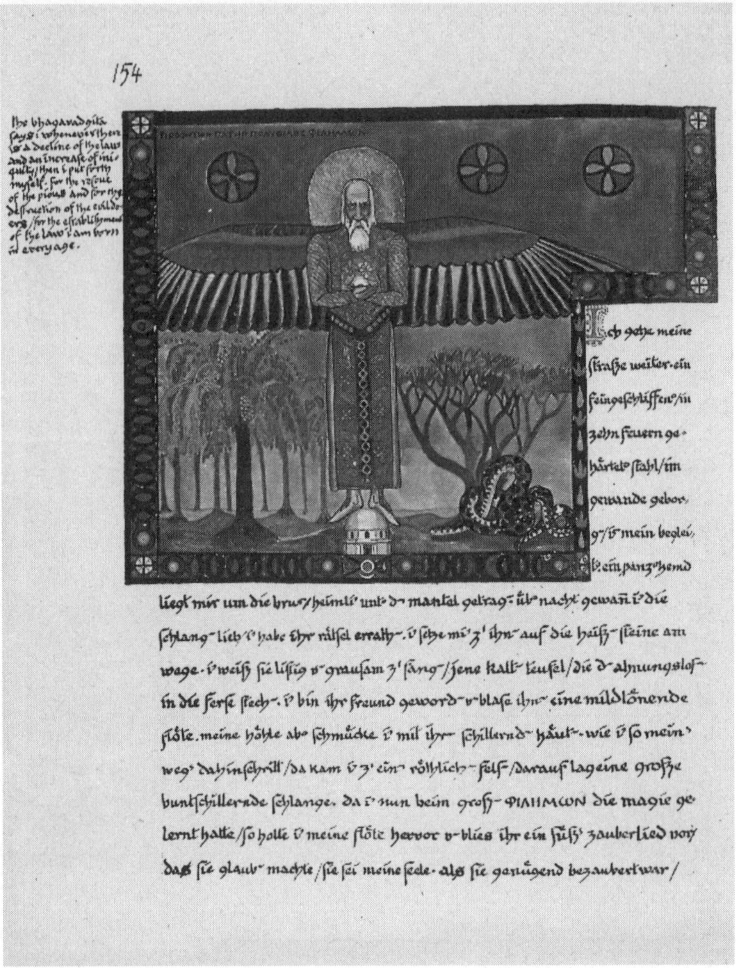

Die mythische Gestalt des »Philemon« stammt aus dem »Roten Buch«, einem persönlichen Tagebuch C. G. Jungs, in dem er sein inneres, seelisches Erleben während der Jahre 1913 bis 1918/19 in Wort und Bild festhielt.

Das Licht tritt aus dem Zentrum der Finsternis hervor.
Ein weiteres Bild von C. G. Jung aus seinem »Roten Buch«.

»Catapatha-Brahman am 2.2.4« (»Rotes Buch«).
Wie Jung schrieb, ein Ausdruck des dämonisch-schöpferischen
Feuers (Agni).

»Brahmanaspati« (»Rotes Buch«).
Jung sah darin eine Anrufung Brahmans in der Gestalt der Schlange.

»Das Schloß«.
Eine Mandalaversion, die von C. G. Jung 1928 angefertigt wurde,
zur Zeit seiner Zusammenarbeit mit dem Sinologen Richard Wilhelm.

Auch seine Patienten ließ Jung von Fall zu Fall Mandalas zeichnen,
um den therapeutischen Prozeß zu unterstützen.
Hier als Beispiel die kunstvollen Mandaladarstellungen einer Patientin.

C. G. Jung in seinem Arbeitszimmer in Küsnacht bei Zürich.

Dieser Hinweis ist an die Adresse der Fachleute gerichtet und alles andere als eine Aufforderung zu einem verantwortungslosen Experimentieren mit psychischem Material, was bei fahrlässiger Handhabung selbstzerstörerisch werden kann. Als eine psychotherapeutische Methode steht sie im übrigen nicht am Anfang, sondern eher am Ende des Wegs. Zwar kennt auch diese Regel eine Ausnahme, doch muß vorausgesetzt werden, daß man bei Anwendung der Aktiven Imagination nicht allein deren technische Handhabung kennt, sondern die ihr entsprechenden Grundvoraussetzungen mitbringt.

Wie Barbara Hannah hervorhebt, ist eine sehr wichtige Regel zu beachten, die bei jeder Anwendung dieser Technik befolgt werden sollte:

Bewußte Aufmerksamkeit

»Wenn wir in die Imagination eintreten, müssen wir unsere volle, bewußte Aufmerksamkeit auf das richten, was wir sagen oder tun, genauso stark – oder sogar stärker –, wie wir es in einer wichtigen äußeren Situation tun würden. Das bewahrt uns davor, einer passiven Phantasie zu verfallen. Aber wenn wir alles getan oder gesagt haben, was wir sollen, sollten wir unseren Geist leer machen, damit wir hören oder sehen können, was das Unbewußte sagen oder tun will.«[34]

Damit ist ein Punkt berührt, der an meditative Verfahren erinnert, die in einem bestimmten Moment mit einem »leeren Bewußtsein« arbeiten, bei dem auch alle diejenigen Bildvorstellungen gelöscht werden, auf die man sich eingangs konzentriert haben mag.[35]

Weil Jung die Aktive Imagination selbst als »den zweiten Teil jeder Analyse, die in die Tiefe gehen soll«, bezeichnet hat, wurde er immer wieder gefragt, wie eigentlich genau mit ihr umzugehen sei, obwohl er in seinen Schriften mehrfach darauf eingeht, z. B. in seinem Werk »Die Beziehungen zwischen dem Ich und dem Unbewußten«.[36] Vieles steht in den Seminaraufzeichnungen, die erst Jahrzehnte nach seinem Tod allgemein zugänglich geworden sind. In einer seiner persönlichen Unterweisungen, die er einem

Patienten auf brieflichem Weg mitgeteilt hat, rät er, mit irgendeinem Bild zu beginnen:

C. G. Jungs Anregung

»Betrachten Sie das Bild und beobachten Sie genau, wie es sich zu entfalten oder zu verändern beginnt. Vermeiden Sie jeden Versuch, es in eine bestimmte Form zu bringen, tun Sie einfach nichts anderes als beobachten, welche Wandlungen spontan eintreten. Jedes seelische Bild, das Sie auf diese Weise beobachten, wird sich früher oder später umgestalten, und zwar auf Grund einer spontanen Assoziation, die zu einer leichten Veränderung des Bildes führt. Ungeduldiges Springen von einem Thema zum andern ist sorgfältig zu vermeiden. Halten Sie an dem von Ihnen gewählten Bild fest, und warten Sie, bis es sich von selbst wandelt. Alle diese Wandlungen müssen Sie sorgsam beobachten und müssen schließlich selbst in das Bild hineingehen: Kommt eine Figur vor, die spricht, dann sagen auch Sie, was Sie zu sagen haben, und hören auf das, was er oder sie zu sagen hat. Auf diese Weise können Sie nicht nur Ihr Unbewußtes analysieren. Und so erschaffen Sie nach und nach die Einheit von Bewußtsein und Unbewußtem, ohne die es überhaupt keine Individuation gibt. Wenn Sie diese Methode anwenden, könnte ich gelegentlich als Ratgeber auftreten, wenn nicht, hat meine Existenz für Sie keinen Sinn.«[37]

Ethische Reinheit der Gesinnung

Zur eigentlichen Voraussetzung Aktiver Imagination gehört, wie immer wieder hervorgehoben, »ethische Reinheit der Gesinnung« (M. L. von Franz). Was darunter zu verstehen ist, das sei mit einer Anekdote veranschaulicht, die C. G. Jung von seinem Freund, dem Sinologen Richard Wilhelm, gehört hat:

Ein Bericht aus China

»Es herrschte eine schreckliche Dürre in dem Teil Chinas, wo Richard Wilhelm lebte. Nachdem die Menschen alle bekannten Arten, den Regen zu bringen, vergeblich versucht hatten, beschlossen sie, nach einem Regenmacher zu schicken. Dies interessierte Wilhelm sehr, und er gab sich

Mühe, auch dort zu sein, wenn der Regenmacher käme. Der Mann reiste in einem gedeckten Wagen an, ein kleiner verhutzelter alter Mann, der die Luft mit offensichtlichem Abscheu schnüffelte, als er ausstieg, und der darum bat, in einer kleinen Hütte außerhalb des Dorfes allein gelassen zu werden; sogar sein Essen sollte draußen vor die Tür gestellt werden. – Drei Tage lang war nichts von ihm zu hören, dann regnete es nicht nur, sondern es gab auch noch starken Schneefall, der in dieser Jahreszeit ganz unbekannt war. Sehr beeindruckt suchte Wilhelm den Regenmacher auf und fragte ihn, wie er Regen und sogar Schnee machen könne. Der Regenmacher erwiderte: ›Ich habe den Schnee nicht gemacht; ich bin nicht dafür verantwortlich.‹ Wilhelm bestand darauf, daß eine furchtbare Dürre geherrscht habe und daß nach drei Tagen große Mengen Schnee gefallen seien. Der alte Mann sagte: ›Oh, das kann ich erklären. Sehen Sie, ich komme von einem Ort, wo die Menschen in Ordnung sind; sie sind im Tao. Deshalb ist das Wetter auch in Ordnung. Aber ich kam hierher und sah, daß die Leute in Unordnung waren und mich damit ansteckten. So blieb ich allein, bis ich wieder im Tao war, und dann schneite es natürlich.«

Im Tao sein

Wie Barbara Hannah berichtet, erzählte Jung diese Geschichte anläßlich eines der letzten Weihnachtsabende vor seinem Tod im Psychologischen Club in Zürich. Der Erzähler konnte ziemlich gewiß sein, daß jeder der Anwesenden diese Geschichte aus seinem Munde mindestens einmal gehört hatte. Und doch legte er großen Wert darauf, sie noch einmal zu Gehör zu bringen. Die Berichterstatterin merkt an, daß die Stimmung unter den Anwesenden sich infolge der Erzählung sichtlich verändert habe. Denn es war einmal mehr klargestellt, wie wichtig es ist, »im Tao« zu sein und dieses Im-Tao-Sein immer wieder durch einen willentlichen Bewußtseinsakt herzustellen. Damit ist natürlich nicht nur ein spezieller Rat für die Aktive Imagination gegeben. Im Grunde hat es jeder nötig, ähnlich wie der chinesische Regenmacher, hin und wieder seine abseits liegende »Hütte« aufzusuchen, um das

Im-Tao-Sein bei sich herzustellen. Dazu gehört das, was man den »Umgang mit der eigenen Seele« nennen kann.

- Bei der Aktiven Imagination nimmt das Ich, das Bewußtsein direkten Kontakt zum Unbewußten auf.
  Der Konzentration auf ein bestimmtes Bild oder Ereignis folgt der freie Fluß der Phantasie (spontane Assoziation).
- Grundvoraussetzung für die Aktive Imagination ist ein inneres Gleichgewicht (Im-Tao-Sein).
  Negative Einflüsse und Vorbedingungen dürfen die Konzentration auf ein Objekt nicht stören, nur so kann sich die spontane Assoziation frei entfalten.
- Aktive Imagination sollte möglichst nicht allein, sondern am besten unter fachkundiger Begleitung durchgeführt werden.

III Kreatives Gestalten

»Wann immer ich in meinem späteren Leben stecken blieb, malte ich ein Bild oder bearbeitete ich Steine, und immer war das ein rite d'entrée (Einstiegsritus) für nachfolgende Gedanken und Arbeiten.«[38]

Dieser kurze Hinweis in C. G. Jungs Erinnerungsbuch, vom gerade Zweiundachtzigjährigen niedergeschrieben, bezieht sich zunächst auf eigene schockartige Erlebnisse mit dem Unbewußten während seiner Lebensmitte, also während einer Zeit, der die Trennung von Freud vorausgegangen war. Er schildert, wie er diese für sein weiteres Leben und Schaffen so entscheidend wichtige Auseinandersetzung mit der eigenen Seelentiefe nur bewältigen konnte und sich im Gleichgewicht zu halten vermochte, indem er angesichts der sich überstürzenden inneren Bilder seinen Kontakt zur Realität nach Kräften verstärkte. Dazu gehörte das erwähnte kreative Gestalten. Er behielt es zeitlebens bei. Erhalten hat sich unter anderem eine Anzahl von Gemälden und Mandala-Zeichnungen, die jedoch nicht hinsichtlich ihres künstlerischen Ausdrucks zu bewerten, sondern als Niederschlag des durchlaufenen Reifungsprozesses anzusehen sind.

Mandala-Zeichnungen

Bei solchen Mandalas (von Sanskrit: »mandala«, Kreis) handelt es sich um farbige Kreise mit einer jeweils spezifischen Innenstruktur. Jung wies wiederholt darauf hin, daß solche Mandala-Zeichnungen dann Unbewußtes integrierten und damit therapeutisch wirksam seien, wenn sie spontan entstanden, also nicht etwa nur irgendwelchen östlichen oder westlichen Vorbildern »nachempfunden« oder bewußt konstruiert seien.[39]

Vor allem in Ausnahmesituationen, wie sie sich beispielsweise durch den Tod seiner Frau Emma (1955) für ihn ergaben, war Jung auf diese Weise kreativ tätig. Er berichtet im genannten Zusammenhang:

»Die Vollendung meiner Frau, das Ende, und was mir dabei klar wurde, hatten mich ungeheuer aus mir selbst herausgerissen. Da brauchte es sehr viel, um mich wieder zu stabilisieren, und die Berührung mit dem Stein hat mir geholfen.«

In Kontakt mit dem Leben

Wer Gelegenheit hat, sich in Jungs selbsterbautem Refugium in Bollingen am oberen Zürich-See umzusehen[40], der kann sich anhand der dort aufgestellten, von Jung geschaffenen Skulpturen, insbesondere in dem von ihm als eine Art »Zweitwohnung« eigener Art errichteten »Turm«, eine Vorstellung von dem bilden, was hier mit Kreativität gemeint ist. Jedenfalls keine beliebige Bastelei, kein bloßes Freizeitvergnügen, sondern ein wirkliches Schaffen und ein wirklicher Kontakt zur Lebenswirklichkeit. Dazu gehörte für den scheinbar nur mit der Psyche beschäftigten Seelenarzt alles, was einen naturnahen Alltag ausmacht, vom Holzhacken und Bestellen des Kartoffelbeetes bis hin zum Kochen am offenen Herd im Turm, der weder über Wasserleitung noch elektrisches Licht verfügte.

Den Bildern der Tiefe begegnen

Auch wenn dieses Beispiel keinesfalls als Vorbild gemeint oder zur Nachahmung empfohlen ist, so macht es doch auf eine Möglichkeit aufmerksam, wie den Bildern aus der Tiefe des Ichs zu begegnen ist; eben nicht durch ein weiteres analytisches Verfahren, sondern durch die Konkretheit des Lebens selbst. Jedes Übermaß an psychologischer Selbsterforschung ist zu vermeiden. So berichtet der Psychotherapeut Klaus Harre, es sei einmal ein Patient zu ihm gekommen mit der Frage, ob er etwa bei täglicher Behandlung binnen zweier Wochen therapiert werden könne.[41] Doch es gibt – glücklicherweise – eben keine tiefenpsychologischen Verfahren analog zu den fragwürdigen Fast-Food-Angeboten unserer Tage. Vielmehr ist es beispielsweise sinnvoll, die Abstände zwischen den einzelnen therapeutischen Stunden nicht zu knapp zu bemessen, damit das konkrete Leben darüber nicht zu kurz kommt.

Kunsttherapie

Als Pionier einer inzwischen weiterentwickelten Kunsttherapie hat C. G. Jung einen generellen Anstoß gegeben, den andere aufgenommen und erweitert haben.[42] Es sind aber auch ganz unabhängig von tiefenpsychologischen Bestrebungen kunsttherapeutische Impulse gegeben worden, insbesondere durch Rudolf Steiner, den Begründer der Anthroposophie. Es liegt im übrigen in der Natur solcher Bemühungen, system- und schulenübergreifend voneinander zu lernen.[43] Zumindest die Initiatoren und eine immer größeres Verständnis entgegenbringende Öffentlichkeit haben erkannt, daß die therapeutisch wirksame künstlerische Betätigung anders ansetzen muß als herkömmliche Heilweisen. So gehört es zum Wesen des Kreativen, des nicht verbalen, nicht operativen und nicht medikamentösen »Behandelns«, daß all dies nicht in irgendeiner Laboratmosphäre vor sich gehen kann. (Daß die in den letzten Jahren durch mancherlei nichtoffizielle Initiativen entwickelten Fachhochschulen für Kunsttherapie bisweilen

Schwierigkeiten haben, mit ihrem speziellen Ansatz im allgemeinen Schulbetrieb mit den verlangten »Leistungsnachweisen« und dergleichen zu bestehen, kann an dieser Stelle außer Betracht bleiben.)

Vom Unbewußten zum Ich

Für den einzelnen eröffnet sich jedoch die Möglichkeit, seine Traumsituationen bildlich festzuhalten. Ähnliches gilt für innere Bilder, die die Aktive Imagination hervorgebracht hat. Indem man das tut, erfolgt ein Über*setzen* – aber auch ein *Über*setzen – vom Ufer des Unbewußten, das zur Äußerung drängt, zum Ufer des bewußten Ichs, das sich diesen Hervorbringungen integrierend öffnet.

Die freie Wahl der Farben, die Wahl der Motive läßt die bildschöpferische Seele zu Wort kommen. Verfolgt man das kreative Tun, das sich auch in verbaler Form äußern kann, über längere Zeit, dann kann das nach und nach Entstandene als eine Dokumentation innerer Vorgänge verstanden werden. Diese regt wiederum zum Gespräch und zur Auseinandersetzung im Sinn einer weiteren Integration an.

Noch ein Wort zu der Vielschichtigkeit dessen, was auf dem Wege der Kunsttherapie bewirkt werden kann. Die kunsttherapeutische Ausrichtung einer Ausbildungsstätte – es handelt sich um die staatlich anerkannte Fachhochschule für Kunsttherapie in Nürtingen bei Stuttgart – erläutert deren Begründer und Leiter, der Bildhauer Karl-Heinz Türk, anhand des praktizierten Lehrprogramms wie folgt:

Kunsttherapeutische Ausbildung

»Es beschränkt sich auf die Medien der bildenden Kunst – Malerei, Graphik, Plastik, bildnerisches Gestalten mit unterschiedlichen Materialien, Holz, Ton, Textil ... Es vermittelt konkrete Lerninhalte in bezug auf Medizin sowie auf die verschiedenen typologischen Strukturen der einzelnen Krankheitsbilder – Neurosen, Zwangsneurosen, Psychosen, Phobien, Depressionen, Hysterie, Schizophrenie. Das Lehrprogramm schließt kunsttherapeutische Selbsterfahrung durch gestalterische Interaktion in verschiedenen Bereichen ein. Es betreibt die Praxis der therapeutischen Gesprächsführung. Es vermittelt Erfahrungswerte im rein manuellen Bereich. Es nimmt die vorhandenen psychoanalytischen und psychotherapeutischen Erkenntnisse der verschiedenen Schulen als Lerninhalte auf und hält zugleich die Grenzen ein, die einem Therapeuten gesetzt sind ... Jeglicher Dilettantismus auf diesem Gebiet sollte vermieden werden.«[44]

Zusammenarbeit mit dem Arzt

Wenn K. H. Türk diverse Psychopathologien aufführt, dann ist damit nur gesagt, daß der Kunsttherapeut oder die Kunsttherapeutin von ihrer Ausbildung her Mitarbeiter und Gesprächspartner des Arztes bzw. des Psychotherapeuten sein können. Selbstverständlich hat das kreative Tun unabhängig von einer fachlichen Begleitung durchaus seinen Eigenwert.

Wenn eingewendet wird, daß man ja gar nicht zeichnen, malen, plastizieren oder tanzen könne, dann wird mit Recht erwidert: Hier geht es gar nicht um das betont Künstlerische. Ästhetische Gesichtspunkte können in unserem Zusammenhang eher hinderlich sein. Darauf wies Jung hin, als er einer Malerin auftrug, sie möge doch ihren Traum im Bild festhalten. Es zeigte sich, daß ihr fachliches Können gerade nicht gefragt war. Vielmehr mußte sich die Betreffende einer naiven Unvoreingenommenheit befleißigen, um dem Gestaltungswillen ihres Unbewußten die Hand zu leihen.

- Kreatives Gestalten ist ein praktisches Verfahren, um mit den Bildern aus der Tiefe des eigenen Unbewußten umzugehen.
- Traumsituationen und innere Bilder als Ergebnis der Aktiven Imagination lassen sich durch kreatives Malen, Plastizieren oder Zeichnen festhalten.
- Die kreative Verarbeitung erleichtert die Auseinandersetzung mit den eigenen Bildern aus dem Unbewußten.

Kapitel VI

Vom Umgang mit der eigenen Seele

Das Geschenk der Intimität

Wir haben bisher eine Reihe von Funktionen und Aspekten der menschlichen Psyche besprochen. In dem hier gesteckten Rahmen mußte dies auswahlweise und in knapper Skizzierung geschehen. Die Frage einer kreativen »Bearbeitung« unbewußter Inhalte hat uns bereits zu dem grundsätzlichen Thema des Umgangs mit der eigenen Seele herangeführt. Da liegt es nahe, jetzt eine Reihe weiterer Handlungsanweisungen und Tips zu erwarten, etwa: Introspektion, wie macht man das eigentlich?

Selbstbegegnung

Sehr viel wichtiger aber als die Mitteilung von Rezepten und Hinweisen ist in unserem Zusammenhang etwas anderes; denn Selbstbegegnung darf mit der bloßen Handhabung von Techniken, und seien es »Psychotechniken«, nicht in eins gesetzt werden. Etwas salopp formuliert, geht es im Grunde gar nicht um die Frage: Wie komme ich mir selbst auf die Spur? Wie entlarve ich meine unbewußte Wesensseite? Als handle es sich dabei um einen beliebig manipulierbaren »psychischen Apparat«, den man den handelsüblichen Tests unterwirft.

Seelische Diskretion

Auch die menschliche Seele, die als personale Ganzheit eben mehr ist als die Summe psychischer Funktionen, kennt und erwartet humane Umgangsformen. Dazu gehört eine Diskretion und eine Behutsamkeit, wie sie unser bester Freund und unsere intimste Freundin verdienen. Wer anders könnte das sein als eben die eigene Seele?

Beziehungsfähig werden

Das bekannte neutestamentliche Wort »den Nächsten lieben wie sich selbst« wird meist nur sehr einseitig interpretiert. Denn tatsächlich setzt es voraus, daß man in der Tiefe seines Wesens »sich selbst liebt«, sich selbst lieben soll, um sich dann mit gleicher Intensität dem Mitmenschen zuwenden zu können. Die psychologische Weisheit, die daraus spricht, besagt: Nur wer mit seiner eigenen Seelentiefe in lebendiger Beziehung steht, der ist auch im wörtlichen Sinn beziehungsfähig. Wer dagegen – wie der Volksmund sagt – sich selbst nicht leiden kann, von dem kann man auch nicht erwarten, daß er mit anderen eine harmonische Beziehung aufzubauen vermag.

Ein innerer Gefährte

Die Entdeckung unseres Lebens besteht nun gerade nicht darin, jedenfalls nicht hauptsächlich darin, diese Innenseite unseres Selbst analysierend zu entblößen und mit allerlei psychologischen Methoden zu traktieren. Wichtiger ist etwas ganz anderes. Die Entdeckung, um die es in erster Linie gehen sollte, ist ein Innewerden: Ich habe ja einen inneren Gefährten, eine innere Gefährtin! Ist das etwa nicht eine überaus erstaunliche Tatsache? Noch erstaunlicher, daß ihr gemeinhin so wenig Rechnung getragen wird.

Gewiß kann man von sich aus versuchen, mit diesem Innen in Verbindung zu treten, wie man auf einen befreundeten Menschen zugeht, ihm schreibt, ihn anruft. Therapeutisches Malen und Gestalten geht schon in diese Richtung. Da ist Unvoreingenommenheit geboten, Verzicht auf die störende Neugier des Wissenwollens. Wer bereits spirituelle Erfahrung gewonnen hat, der weiß, wie störend es ist bzw. sein kann, wenn man als meditierender oder als betender Mensch ganz bestimmte Resultate durch seine Spiritualität erzielen will, etwa gar, um »besser als andere« zu sein.

Gelassenheit

So berechtigt im geistig-religiösen Leben die Suche, das Bitten und das immer strebende Bemühen ist – immer muß dieses Bemühen mit Geduld und Gelassenheit gepaart sein, als ginge es letztlich gar nicht um das Gesuchte oder Erstrebte. Der Bereich des Machen- oder Bewirkenwollens ist zu verlassen. Wer sich als Beschenkter entdeckt hat, wird das verstehen. Ein scheinbarer Widerspruch ergibt sich, wenn nochmals gesagt wird:

Sich mit seinem Traum befreunden

Wem an der Selbstbegegnung, an der Selbsterkenntnis gelegen ist, der darf gerade nicht versuchen, seinem Unbewußten durch Aufspaltung und Zerlegung (Analyse) Gewalt anzutun. Der amerikanische Archetypische Psychologe James Hillman gibt daher die Empfehlung, man möge sich mit seinem Traum befreunden. Er verdient einen sich über geraume Zeit, über Jahre erstreckenden Prozeß der Vertrauensbildung.

Traumdeutung, sofern man diese Form des Umgangs mit der eigenen Seele so nennen will, ist dann nicht nur eine professionelle Angelegenheit der Therapeuten. Man darf vielmehr versuchen, spielerisch, künstlerisch mit dem umzugehen, mit dem man Freundschaft zu knüpfen bereit ist. Die Sache der Träume, wie überhaupt die Sache des Unbewußten, ist nicht nur eine Wissenschaft oder ein Handwerk, sondern auch eine Kunst. Sie kann nur mit beschwingter Seele geübt werden, unter Verzicht auf bestimmte Leistungen:

Mit beschwingter Seele

»Immer können wir diesem Freund erlauben, in seinen Träumereien herumzuschweifen, und dann darf auch der Beobachter umherschweifen, darf sich etwas einfallen lassen und den Traum amplifizieren (d. h. anreichern), sich an Vorfälle erinnern, an Wortspiele, an Parallelen aus der Bibel, der Mythologie, aus Bildern. Ich lasse ihn sprechen, und ich spreche zu ihm – statt daß ich ihn deute und analysiere ...«[45]

Nun doch nochmals die Frage: Wie macht man das? – Da soll der Traum selbst das Wort behalten, indem man sich an seine Stimmungen und Bilder wendet. Gerade die bedeutsamen, vielschichtigen Träume haben wie eine schützende Hülle eine Atmosphäre um sich herum. Die darf nicht dadurch zerrissen werden, daß man rational fordernd nach »Sinn und Zweck dieses Unsinns« fragt. Denn – fährt Hillman an der angegebenen Stelle fort:

Menschlich mit dem Traum umgehen

»Ermutige ich den Traum, seine Geschichte vorzutragen, dann gebe ich ihm eine Möglichkeit, seine wirkliche Botschaft, seine mythische Thematik mitzuteilen, und komme so den Mythen näher, die in mir wirken, meiner eigentlichen

Geschichte, der Geschichte meines Lebens von innen – statt nur meiner von außen beobachteten Falldarstellung ... Die Traumgeschichte ist einfach der innere Aspekt der äußeren Geschichte ... Träume sind Teil der allgemeinen, gewöhnlichen Menschlichkeit, und man nähert sich ihnen am besten mit gewöhnlicher Menschlichkeit, ehe man zu speziellen Techniken Zuflucht nimmt.«

- Die Selbsterkenntnis setzt ein positives Annehmen des eigenen Selbst, der eigenen Seele voraus, sowohl ihrer lichten wie ihrer dunklen Seite.
- Nur wer sich selbst leiden kann, wird sich selbst finden können.
- Nur wer sein wahres Selbst liebt, ist zur echten Nächstenliebe fähig.

Innere Bilder dokumentieren

Erfahrungsgemäß sind unsere Träume überaus zarte und flüchtige Gebilde. Schon eine knappe Stunde nach dem Aufstehen können die Bilder verweht sein, und man fragt sich oft vergebens: Was habe ich eigentlich heute nacht geträumt?

Eine Empfehlung

Daher empfiehlt es sich, Bleistift und Papier auf dem Nachttisch bereitzuhalten, um unmittelbar nach dem Aufwachen die wesentlichen Bilder gemäß der Traumstruktur aufzunotieren. In der Regel genügen im ersten Moment einige Stichworte, etwa: »Unsere frühere Wohnung – der Postbote kommt, aber er bringt keine Briefe, sondern öffnet eine unbekannte Truhe – interessante alte Schriften – merkwürdig: je schärfer ich hinsehe, desto mehr verschwimmen die Schriftzeichen ...«

Daß das Geschehen eines solchen Traums schon seiner Sonderbarkeit wegen Interesse weckt, um so mehr, wenn der Träumer zufällig ein Bücherliebhaber ist, versteht sich von selbst. Um sich mit dem, was der Traum sagen will, besser vertraut zu machen, wird man ihn in einem ruhigen Augenblick noch am selben Tag in ausführlicher Weise aufschreiben.

Kommentar zum Traumtext

Dazu gehört auch das Registrieren des übrigen Erlebens. Deshalb ergänzen wir den soeben ausgeführten Traumtext durch einen Kommentar. Besondere Deutungsversuche wären an dieser Stelle noch verfrüht. Dagegen notieren wir, welche Empfindungen und Gefühle uns beim Träumen begleitet haben, auch was uns bewegte, als wir mit der Traumerinnerung aufwachten. Damit kommt etwas Atmosphärisches in das innere Schauspiel und gibt dem Ganzen Farbe. Bedenkt man weiter, daß Hervorbringungen des Unbewußten unser bewußtes Leben mit seinen Problemen, Hoffnungen oder Sorgen komplementieren, d. h. vervollständigen, dann wäre es wichtig, jeden Bezug zum Geträumten ebenfalls in den Kommentar hineinzunehmen.

Weitere Schritte

Diesen ersten Schritten können weitere folgen, etwa der, daß man seinen Traum erzählt, am besten einem Menschen, der einem viel bedeutet. Natürlich muß der oder die Betreffende keine speziellen psychologischen Kenntnisse haben. Schon das aufmerksame Gegenübersein eines Menschen vermag seelische Hervorbringungen zu fördern. Vielleicht sieht sich der Zuhörende zu Fragen veranlaßt, die unklar gebliebene Momente aufzuhellen vermögen. Bekannt ist im übrigen jener Rat Heinrich von Kleists, wie in ähnlichen Situationen zu verfahren ist. Während man selbst über die betreffende Sache nachdenkt, die einem noch nicht klar ist, solle man »dem nächsten Bekannten, der einem aufstößt«, von dem Vorhaben erzählen. Und man werde sehen: Über dem Reden werde einem die betreffende Sache klarer. Und jener brauche »kein scharf denkender Kopf« zu sein ...

Zum Tagebuch das Traumbuch

Der Wert von Tagebüchern ist – je nach Anlage und individueller Ausführung – nicht ganz unumstritten. Erfahrungsgemäß wandelt sich die menschliche Erinnerung im Lauf der Zeit. Vor Jahren Erlebtes wird dadurch umgeformt. Das ist ein unbewußter Vorgang. Unliebsames wird vergessen oder verdrängt. Daher rührt die Problematik der meisten Autobiographien, deren Autoren sich nicht durch ein sorgfältig geführtes Tagebuch oder durch ihren damaligen Briefwechsel über den tatsächlichen Verlauf von Begebenheiten vergewissern konnten.

Oder nehmen wir ein anderes Beispiel: Da gibt es den Fall, daß eine junge Frau in einer kritischen und enttäuschungsreichen Phase ihres Lebens zu den Aufzeichnungen der letzten Jahre greift. Plötzlich muß sie sich sagen: Es geht mir im Moment so wie zu diesem und jenem Zeitpunkt in der Vergangenheit. Ich habe mehrfach den gleichen Fehler gemacht! Was ist die Ursache für mein Fehlverhalten?

Vorteile des Traumbuches

So kann das Tagebuch Dinge aufklären, die einem nicht deutlich würden oder glaubhaft erschienen, wenn uns ein Außenstehender sagte: Du machst immer die gleichen Fehler. Daß die Führung eines Traumbuches eine ähnliche Hilfe zu leisten vermag, ergibt sich daraus, daß der einzelne Traum die Momentaufnahme einer psychischen Situation in einem bestimmten Lebensaugenblick darstellt. Um nun den vielschichtigen Prozeß des Auf und Ab überblicken zu können, ist es erforderlich, möglichst viele Schilderungen inneren Erlebens zu registrieren. Traumdeutung hat ohnehin erst dann Aussicht auf einigermaßen verläßliche Ergebnisse, wenn sich ganze Traumreihen überblicken lassen.

Psychologisches Arbeitsheft

Einleuchten dürfte daher der Vorschlag des amerikanischen Jungianers Ira Progoff, ein »psychologisches Arbeitsheft« anzulegen, um die Entwicklung der Persönlichkeitskräfte protokollieren und verfolgen zu können. Zweifellos ist eine solche Art der Aufzeichnung eine ununterbrochene Konfrontation des Schreibenden mit sich selbst, vor allem wenn eben nicht nur das Tagesgeschehen, sondern auch die Äußerungsformen des Unbewußten festgehalten werden. Dazu gehören neben den Träumen plötzliche Eingebungen und die sogenannten Zufälle. Jung spricht von »synchronistischen Phänomenen«, d. h. von gleichzeitig z. B. mit Emotionen auftretenden äußeren Ereignissen, die sich nicht kausal erklären lassen. Ira Progoff schreibt:

Einblick in psychische Rhythmen

»Beim Führen eines solchen Arbeitsheftes nimmt der Mensch auf eine neue Weise an den Ereignissen seines Lebens teil; er betrachtet und überdenkt sie neu, so daß seine Lebensbeziehungen sich in den Seiten seines Arbeitsheftes neu gestalten. Dadurch, daß er den Traum aufschreibt und sich mit seiner Botschaft befaßt, betritt er wiederum den Tiefenraum seines Innern. Durch das regelmäßige Eintauchen in die Atmosphäre des psychologischen Arbeitsheftes begibt sich der Mensch in den einzigen Bereich, wo sich das flüchtige Fließen der Psyche fassen und halten läßt. So werden bedeutende Einsichten möglich, falls man die Eintragungen während längerer Zeit fortsetzt. Man kann die verschiedenen Stimmungen aufzeichnen, die Ängste und Depressionen mit den Zeiten der Hochstimmung vergleichen. Auf längere Zeit durchgeführt, kann das Arbeitsheft dem Schreiber ein Gefühl für seine psychischen Rhythmen geben. Damit gewinnt er eine auf Erfahrung gegründete Information über den in ihm wirkenden subjektiven Prozeß und kann allmählich den Weg dazu finden, sein inneres Tempo und seine äußeren Verpflichtungen aufeinander abzustimmen.«[46]

Vom kreativen Gestalten wurde im Zusammenhang der Praktiken bereits gesprochen. Deshalb muß an dieser Stelle nicht wiederholt werden, daß und auf welche Weise der Umgang mit den Dingen, die das Leben farbiger und reicher machen, eine ganz wesentliche Seite des Umgangs mit der eigenen Seele darstellt.

- Wichtig für die Auseinandersetzung mit den Traumbotschaften des Unbewußten ist es, Träume unmittelbar nach dem Aufwachen niederzuschreiben, sie zu dokumentieren.
- Der reine Traumtext läßt sich durch einen Kommentar erweitern, der beschreibt, welche Gefühle und Empfindungen uns im Traum bewegten.
- Die Anlage eines Traumbuches (z. B. neben dem Tagebuch) erleichtert die Protokollierung der eigenen Persönlichkeitsentwicklung.
  Der Schreibende bleibt in unmittelbarem Kontakt zu den Äußerungen seines Unbewußten; Fortschritte und Einsichten lassen sich leichter nachvollziehen.

Rumpelstilzchens Sprache lernen: die Märchen

Unbestritten ist die Tatsache, daß die menschliche Seele in ihren unbewußten Gründen über unausschöpfliche Reichtümer verfügt, die ihrerseits das Leben lebenswert machen. Das wird aber leicht durch die andere Tatsache verdeckt, nach der wir uns oft genug gerade nicht als reich begabt, als lebensfroh, mutig und zuversichtlich erweisen. Das Gegenteil dominiert.

Quellen der Zuversicht

Das ist gewiß nicht allein eine Erfahrung des »modernen« Menschen. Unter derartigen Defiziten lebte die Menschheit seit alters. Und sie konnte der Not, Angst, Ausweg- und Hoffnungslosigkeit begegnen, weil es ihr gelang, die bisweilen versiegten Quellen der Zuversicht und des Lebensmutes auf vielfältige Weise zum Sprudeln zu bringen.

Schätze der Erfahrung

Dafür liegt ein in seiner Fülle unüberschaubarer Reichtum an Zeugnissen vor. Es ist ein Erfahrungsschatz besonderer Art. Gemeint sind die großen Dichtungen der alten Kulturen in Gestalt der Mythen, die Märchen der Völker, nicht zuletzt die religiösen Offenbarungen in mündlicher wie in schriftlicher Tradition. Daher versteht es sich von selbst, daß die Tiefenpsychologie sich dieses Reichtums an urtümlichen Bildern angenommen hat, um sie im Hinblick auf die Sinnfindung und Selbstwerdung des Menschen zu interpretieren. Mehr noch: Ihre Aufgabe bestand und besteht in erster Linie darin, die genannten Quellen zu erschließen, von neuem zu interpretieren. Märchen und Mythendeutung, die Bibelauslegung und dergleichen, das ist das eine. Das andere ist die Fähigkeit, damit umzugehen und sich gleichsam in den Lebensstrom all dieser Überlieferung hineinzustellen, diese Bilder auf sich wirken zu lassen.

Mythen und Märchen als Ausformungen des Unbewußten

Daß C. G. Jung und die nach seinen Anregungen arbeitenden Therapeuten sich dieser Erschließungsaufgabe in ganz besonderer Weise angenommen haben, ist längst bekannt. Das zeigt die große Auswahl sowohl an wissenschaftlichen Untersuchungen als auch an allgemeinverständlichen Einführungen in die Weisheit einzelner Mythen und Volksmärchen.[47] Versucht man die Bedeutung dieser Überlieferungen auf einen knappen Nenner zu bringen, dann kann man mit Jung sagen:

»Märchen und Mythen drücken unbewußte Vorgänge aus, und ihre Wiedererzählung bewirkt Wiederbelebung und -erinnerung derselben und damit Wiederverbindung von Bewußtsein und Unbewußtem ... Insofern das Symbol ebensoviel dem Bewußtsein wie dem Unbewußten entstammt, vermag es beide zu vereinigen.«[48]

Therapeutischer Wert

Der therapeutische Wert von Mythen und Märchen steht außer Frage, zumal die aus ihnen sprechenden archetypischen Situationen und Gestalten ein Grundmodell des menschlichen Verhaltens verkörpern. Von da – von den Heldengestalten, den zu Dienst und Einsatz bereiten Figuren solcher Märchen – geht eine Vorbild schaffende, belebende und ermutigende Wirkung aus. Darauf verweist Emma Jung, wenn sie in ihren Gralsstudien die Ausführungen ihres Mannes vertieft:

»Wenn ein Märchen erzählt wird, so besteht für den, der daran Anteil nimmt, das heißt der sich davon berühren läßt, die heilende Wirkung darin, daß er durch diese Anteilnahme in eine archetypische Form des Verhaltens eingeordnet wird und dadurch selber ›in Ordnung‹ kommen kann.«[49]

Unmittelbarkeit der Bildsprache

Damit ist bereits Wesentliches zum Thema des Umgangs mit der eigenen Seele gesagt; denn die »Sprache«, die das Märchen spricht, ist dieselbe Sprache wie die des Traums. Es ist die Sprache der Seele eines jeden Menschen. Deshalb sprechen Märchenbilder grundsätzlich jeden – unverbildeten – Menschen an, und zwar noch ehe er gefragt hat, was die einzelnen Figuren »bedeuten« sollen. Die Sprache eines Rumpelstilzchens sowie seiner ungezählten Gefährten und Gefährtinnen in der weitläufigen Märchenlandschaft muß man jedenfalls nicht in der Weise »lernen«, daß man sich die einzelnen Symbolbedeutungen einprägt, als gelte es, Vokabeln einer Fremdsprache zu büffeln. Die Bildvokabeln (Figuren, Lebensumstände, Begebenheiten, das Märchenziel usw.) stehen in einem in sich geschlossenen Kontext. Es genügt vorweg, diese Ganzheit auf sich wirken zu lassen, wie wenn ein Kunstwerk, das ein Märchen ja ist, zu einem spricht.

Tiefenpsychologische Märchenforschung

Für die tiefenpsychologische Märchenforschung ist es von besonderem Belang, welches Märchen man in der Kindheit als Lieblingsmärchen gehabt hat. Im Hinblick auf den Umgang mit der eigenen Seele mag es genügen, sich hörend und sehend mit dem betreffenden Märchen und seinen Akteuren anzufreunden. Abgesehen von den sympathisch wirkenden und den Abwehr und Widerstand erzeugenden Gestalten geht es immer wieder darum, den Weg zur Selbstwerdung zu gehen, wobei dieses Selbst bald als die Krönung des Königs bald als die Hochzeit mit der verwunschenen Königin gefeiert wird, je nachdem, ob ein Stufenweg der Prüfungen bestanden wurde und ob eventuell unscheinbare Helfer aus den Höhen oder aus den Elementarreichen der Tiefe im entscheidenden Augenblick zur Stelle gewesen sind.

Tatsachensprache der Seele

So wie der Traum ein recht bestimmter Ausdruck innerer Tatsachen sein kann, so spricht das Märchen seinerseits eine Tatsachensprache der Seele. Wie dem Traum, so kann man daher auch dem Märchen in ähnlicher, freundschaftlicher Weise gegenübertreten. Wenn angesichts des Traums von vier dramatischen Phasen gesprochen worden ist, so läßt sich diese Struktur im Märchen ebenfalls antreffen. Nehmen wir als Beispiel das Grimmsche Märchen »Rumpelstilzchen«:

Ausgangssituation

1. Die Exposition, die Ort, Zeit und Lebensumstände kenntlich macht, fällt hier sehr knapp aus: »Es war einmal ein Müller, der war arm, aber er hatte eine schöne Tochter ...« Vom Beruf her ergibt sich sogleich der Ausgangsort. Und was die Stereotype betrifft »es war einmal«, so ist damit nicht eine historische Zeit gemeint, sondern das »einmal« ist identisch mit einem »immer wieder«, denn strenggenommen spielt das Märchen in der Raum- und Zeitlosigkeit des Archetypischen und somit Immergültigen.

Handelnde Personen

2. Als handelnde Personen treten auf die beiden Genannten, Vater und Tochter, sodann König und Kind der Königin, insbesondere das geheimnisumwitterte Rumpelstilzchen. Durch es kommt das Märchengeschehen in Gang.

Kritische Situation

3. Durch das Rumpelstilzchen und sein Tun ergibt sich aber auch das Problem, die Krisis. Wer einen solchen »dienstbaren Geist« in Anspruch nimmt, der hat einen Preis zu zahlen, nicht irgendeinen, ein Stück Leben, etwas, das man sich buchstäblich vom Herzen reißen muß: das Kind von König und Königin.

Die Lösung

4. Es gibt eine Lösung: die befreiende Wirkung, die durch das lösende Wort möglich wird. Dabei kann es sich um eine Erkenntnisbemühung handeln, geht es doch darum, den Namen und damit das Wesensgeheimnis des

an verborgenem Ort im Wald (Ausdruck des Unbewußten!) wohnenden Männleins.

Unnötig zu sagen, daß nicht jedes Märchen, nicht jeder Mythos ein positives Ende hat. Davon abgesehen wollen sich diese Bildfolgen oft nicht problemlos erschließen. Die Nähe, in der Märchen zur Traumwelt stehen, läßt es als nicht verwunderlich erscheinen, daß sich durch ihren Einfluß das eigene Unbewußte zu regen beginnt. Marie-Louise von Franz, die die Märchendeutung im Sinne der archetypischen Psychologie maßgeblich gefördert hat, sagt, wie es ihr damit ergeht:

Die eigene Psyche spricht

»Wenn ich eine Erzählung nicht oder nicht genügend verstanden habe, dann kommen immer Träume herauf. Nehmen Sie ein Märchen und versuchen Sie es, und Sie werden sehen. Ich habe noch nie jemanden ein Märchen mit einer gewissen Begeisterung interpretieren sehen, ohne daß sein Unbewußtes darauf reagiert hätte. Das Unbewußte ist aus irgendeinem Grund an Märcheninterpretationen sehr interessiert.«[50]

Das Buch der sieben Siegel: die Bibel

Spirituelle Interpretation

Merkwürdiges spielt sich heutzutage ab: Auf der einen Seite die Abwanderung vieler Menschen aus den traditionellen Kirchen und Konfessionen. Ihr entspricht eine Entleerung der religiösen Verkündigung. Die Bibel ist längst zu einem selten gelesenen, noch seltener verstandenen Bestseller geworden. – Auf der anderen Seite ist ein wachsendes Bedürfnis festzustellen, das Buch der Bücher auf eine neue Weise zu öffnen. Gemeint ist eine tiefenpsychologisch erschließende, spirituelle Interpretation. Es ist das Verlangen, die Bibel in ihren wesentlichen Aussagen so zu lesen und aufnehmen zu lernen, daß die eigene Erfahrung und die eigene Selbstwerdung in dem bisher besprochenen Sinn dadurch vorangebracht werden.

Lange bevor dieses Phänomen an den Tag trat, gab C. G. Jung aus seiner Sicht die Begründung zu diesem Sachverhalt. Mit Blick auf die in den Evangelien enthaltenen Bilder des dramatischen Lebens Jesu spricht Jung von der ausgleichenden und zugleich richtungweisenden Wirkung der biblischen Erzählungen. Diese wollen ja nicht eine äußere Lebensbeschreibung oder Schicksalsschilderung des Mannes aus Nazaret liefern. Das wesenhaft Archetypische der Evangelienberichte liegt vielmehr darin, daß sie einen inneren Prozeß schildern. Es ist der Vorgang des auf dem Weg der Reifung befindlichen Menschen:

Archetypik des Evangeliums

»Das menschliche und das göttliche Leiden bilden zusammen eine Komplementarität mit kompensierendem Effekt: Durch das Symbol kann der Mensch die wirkliche Bedeutung seines Leidens erkennen: Er ist auf dem Weg zur Verwirklichung seiner Ganzheit ... Das Drama des archetypischen Christuslebens beschreibt in symbolischen Bildern die Ereignisse im bewußten und im bewußtseinstranszendenten Leben des Menschen, der von seinem höheren Schicksal gewandelt wird.«[51]

Urbilder der Selbstwerdung

Das besagt, daß am Leben Christi das Urbild der Selbstwerdung abgelesen werden kann. Macht man sich dies einmal klar, dann geht es hierbei um etwas ganz anderes als um die Aufrechterhaltung oder um die bloße »volksmissionarische« Wiederherstellung der herkömmlichen Kirchlichkeit. Diese will – bewußt und unbewußt – das einzelne »Schäflein« in Abhängigkeit halten von den jeweiligen Herren über die Pferche ...

Aber das Neue Testament hat ganz anderes im Sinn, nämlich die Ermöglichung von spirituellem Wachstum und Mündigwerdung des einzelnen. Zu keinem anderen Zweck bieten sich dem heutigen Menschen die Evangelien zur meditativen Lektüre an. Das ist in erster Linie eine Weise des Umgangs mit der eigenen Seele! Wie geht das zu?

Meditativer Zugang zur Bibel

Der Meditierende fragt nicht: Wann und wo ist das geschehen, von dem hier berichtet wird? – Er fragt auch nicht:

Wie verhält sich das mit »Jungfrauengeburt«, mit der »wunderbaren Speisung« von Tausenden, mit Auferstehung und Himmelfahrt ...? Denn wer so fragt, der projiziert all diese Bilder aus seiner Lebenswirklichkeit hinaus und versucht sie zu mirakulösen Objektschilderungen zu machen, die allenfalls noch ins parapsychologische Kuriositätenkabinett passen. Und natürlich geht es auch nicht darum, dergleichen für wahr zu halten. Das entspräche einem Pseudoglauben.

Nein: Meditatives Bibellesen basiert auf einem vorurteilsfreien Anschauen von Bildern. Es ist nicht allein eine kunstgeschichtliche, sondern auch eine seelengeschichtliche Tatsache, daß die Gestalten des Evangeliums seit mehr als eineinhalb Jahrtausenden der Phantasie und den schöpferischen Fähigkeiten der Maler und Bildhauer Impulse zu geben vermochten: Eine Dreifaltigkeitsikone, ein Marienbild, der Gekreuzigte und der Auferstandene etwa des Isenheimer Altars, sie sprechen eine unmittelbare Sprache. Das gleiche gilt für die Wortlaute der Evangelien, von denen sich jene Künstler inspirieren ließen. Sie sprechen unmittelbar in jene Wesensmitte hinein, die die Bibel »das Herz« nennt.

Solche – und keine nur sentimentalen – Herzenserlebnisse füllen die Seiten des Neuen Testaments. Hierfür nur einige Textbeispiele, die im Zusammenhang nachgelesen zu werden verdienen:

Maria – Inbegriff der Menschenseele

Von Maria, Inbegriff der für den göttlichen Logos (Christus) empfangsbereiten Menschenseele, wird in der Folge der Weihnachtsereignisse gesagt: »Symbolisierend bewegte sie alle diese Worte in ihrem Herzen« (Lukas 2,19; die Vokabel »symbállousa«, zusammenfügend, steht im griechischen Urtext!). Ein Integrationsgeschehen besonderer Art!

Von einer Predigt, die der Apostel Petrus über die Christus-Vorgänge hielt, heißt es: »Als sie das hörten, ging es ihnen durchs Herz« (Apostelgeschichte 2,37). Hier drückt die griechische Vokabel ein Hineindringen aus, ein eindringendes Transparentwerden.

Spiritueller Tagesanbruch

Der Epheserbrief spricht davon, daß der Christus »in euren Herzen« wohnen möge (Epheser 3,17). Und im zweiten Petrusbrief (1,19) wird das prophetische Wort unter seinem erleuchtenden Aspekt gesehen: »Achtet darauf, bis der Tag anbreche und der Morgenstern aufgehe in euren Herzen.« Aufgang des Morgensterns in der eigenen Seelentiefe! Gibt es ein anrührenderes, angemesseneres Bild für den Vorgang der hier gemeinten »Innerung«?

Menschen auf dem Wege zur Selbstwerdung

Schließlich sind da jene zwei Männer, die sich schwertaten, die Vorgänge des Ostermorgens in sich aufzunehmen, die aber auch nicht abließen, mit ihrem Herrn – »auf dem Wege« – innere Zwiesprache zu halten. Erinnernd gestanden sie einander ihre Erfahrung: »Brannte nicht unser Herz in uns, als er mit uns redete auf dem Wege, als er uns die Schrift auslegte?« (Lukas 24,32).

So können die Zeugnisse der Heiligen Schrift deshalb individuelle Bedeutung erhalten, weil sie Symbolträger des Werdeprozesses darstellen, den Jung die Individuation genannt hat. Davon spricht Eugen Drewermann, indem er Figuren der Weihnachtsgeschichte in Beziehung zu diesem Prozeß setzt.

»Insofern sind Maria, Josef und das Kind, die Magier, Herodes und die Engel, der Stern, die Stadt Jerusalem, Ägypten, Betlehem und Nazaret alle gemeinsam die Gestalten und die Zonen einer Seelenlandschaft. Im Menschen selbst liegt, wenn er nur auf sein eigenes Wesen hört, das Wunder der jungfräulichen Geburt begründet. In seiner eigenen Seele liegt die anfangs verachtete, für hurenhaft gehaltene Gestalt der ›Mutter‹, die sich gleichwohl auf die Engelsbotschaft hin am Ende als Madonna zu erkennen gibt. In ihm selbst gibt es den hörbereiten, träumenden, engelverstehenden, mutigen Josef sowie die Magier, die aus dem Lande der Frühe einem Stern nachfolgen ... Es gibt in jeder Menschenseele Orte der Flucht und Orte der Bestimmung ... Ein jeder Mensch trägt vor Gott die Berufung, in sich selber ein ›Eingepflanzter‹ (hebr. ›nsr‹), ein ›Mann aus Nazaret‹ zu werden (Matthäus 2,23).«[52]

Weil das so ist, können die aus archetypischen Symbolen gewobenen Bilder beim Umgang mit der eigenen Seele so wichtig und hilfreich werden, seien es Märchen, Mythen oder die Texte religiöser Überlieferung. Und wer immer noch davon ausgeht, daß die göttliche Offenbarung, gleich welcher Religion, in grauer Vorzeit (in illo tempore) geschehen sei – auf dem Berge Sinai, auf dem Berg der Verklärung oder auf der Offenbarungsinsel von Patmos –, der sollte sich immer wieder sagen: Indem man dorthin reist, wo sich das Außerordentliche einmal begeben haben soll, verfehlt man es. Der Schauplatz liegt außer Raum und Zeit. Vor allem ist Offenbarung niemals vergangen. Sie geschieht immer nur jetzt. Ihr Ort ist nirgendwo anders als in der Menschenseele, der geängsteten, aufgespalteten, unruhigen. Der Moment des Innewerdens, auf ihn ist zu achten!

Wer das tut, der entdeckt sich in der großen Gemeinschaft der Künstler und Bildner des Ewigen, der Mystiker, der Menschen, durch deren Seele ein großer Traum gegangen ist und die dadurch fähig wurden, anderen von diesem Reichtum mitzuteilen: bezeugend, helfend, liebend.

- Die Märchen und Mythen der Völker beschreiben Grundmuster menschlichen Verhaltens, menschlicher Lebensmöglichkeiten, jenseits von Angst und Verzweiflung.
  Märchen sprechen uns direkt an, sie wenden sich unmittelbar an die Seele jedes einzelnen.
- Auch in der Bibel gibt es zahlreiche Vorbilder für die Selbsterkenntnis, für die positive Auseinandersetzung mit dem eigenen Unbewußten.
  Das Leben Christi ist solch ein Urbild der Selbstwerdung.
- Durch meditative Vergegenwärtigung und spirituell-tiefenpsychologische Interpretation beginnt die Bibel zum heutigen Menschen zu sprechen.

Kapitel VII

Kurskorrektur in der Lebensmitte

Die Lebensmitte als neue Chance

Daß die Beschäftigung mit dem »Selbst« (im Sinne Jungs) nicht in die Beliebigkeit gestellt ist, sondern daß ihr eine große existentielle Bedeutung zukommt, zeigt sich spätestens zur Zeit der Lebensmitte. Sie und die immer wichtiger werdende »zweite Lebenshälfte« verdienen daher eine etwas weiter ausholende Betrachtung:

»Als unsres Lebens Mitte ich erklommen,
Befand ich mich in einem dunklen Wald,
Da ich vom rechten Wege abgekommen.
Wie schwer ists, zu beschreiben die Gestalt
Der dichten, wilden, dornigen Waldeshallen,
Die, denk ich dran, erneu'n der Furcht Gewalt!
Kaum bittrer ist es in des Todes Krallen ...«[53]

Diese Verse am Eingang von Dantes »Göttlicher Komödie« rücken die epochale abendländische Dichtung in einen bedeutsamen biographischen Zusammenhang: Mitte des Lebens – wer sie wie der Dichter erreicht hat, gleicht einem Wanderer, der vom rechten Weg abgekommen ist und nun in einem dunklen Wald umherirrt. Die bisherige Wegerfahrung scheint für die Weiterfahrt nicht zu nützen. Der »Furcht Gewalt« macht sich geltend, eine ausweglose Situation. Ist sie wirklich so ausweglos, wie Dante sagt? Ist sie gar mit »des Todes Krallen« vergleichbar? Was soll oder was kann in einer solchen ausweglos erscheinenden Lage geschehen?

Krisenerfahrungen

Nicht wenige Menschen erleben ihre eigene Lebensmitte als eine Stagnation oder als eine Kette von Krisenerfahrungen. Über die sogenannte »midlife crisis« ist schon vor Jahren viel geredet und geschrieben worden. Die Zeit der Jugend ist ein für allemal abgeschlossen. Was nun? Erstaunlich viel wird in Gesellschaft und Kulturindustrie unternommen, um die allerseits hochgeschätzte Jugendlichkeit zu erhalten, gegebenenfalls sich selbst und anderen vorzutäuschen. Sei es durch Mode und Kosmetik, durch Sport oder Schönheitsoperationen und dergleichen. Weder Kirche noch Gesellschaft bieten überzeugende und modellhafte Wege des Älterwerdens an – ein Mangel, unter dem viele Menschen auf der Suche nach Neuorientierung in ihrer Lebensmitte spürbar leiden. Der Umgang mit der eigenen Lebenszeit ist zu einem existentiellen Problem geworden. Eines ist vorweg klarzustellen: Die Zeit ist offensichtlich nicht nur eine meßbare Größe. Sie ist nicht nur Bezeichnung für ein Andauern. Zeit ist auch eine Qualität, die sich von Abschnitt zu Abschnitt verändern kann; eine Qualität, die zur Veränderung auffordert: »Du mußt dein Leben ändern« (Rilke).

Die Zeit als Qualität

Das hat die Menschheit zu allen Zeiten gewußt. Heute noch unterscheiden wir ganz selbstverständlich Jahres- und Tageszeiten. Sie sind aufs engste mit der Qualität unseres Lebens verbunden. Selbst wer im Zeitalter der gleitenden Arbeitszeit »die Nacht zum Tage macht«, kann nicht leugnen, daß etwa eine frühe Morgenstunde im Sommer auf ganz andere Weise zu uns spricht als etwa eine sternklare Winternacht. Die nächtliche Tiefe rührt an andere Dimensionen unseres Bewußtseins als die Höhe des Mittags im Sommer.

Keine Frage: Auch in einer Zivilisation, in der die Devise gilt, »Zeit ist Geld«, geht es nicht allein um die nach Uhr und Kalender meßbare Zeit. Noch haben wir eine Ahnung von der qualitativen Wirklichkeit der Zeit. Insbesondere gilt dies, wenn wir auf die verschiedenen Abschnitte unseres eigenen Lebens blicken, auf die Zeiten von Jugend und Alter, gerade auf jenen Abschnitt, den wir die Lebensmitte nennen, der die erste von der zweiten Lebenshälfte trennt.

Wann beginnt die Lebensmitte?

Sie ist nicht exakt zu datieren, zumal man sie aus verschiedenem Blickwinkel betrachten kann. Die einen meinen die Zeit um das vierzigste Lebensjahr. Andere, die in Anlehnung an antike Vorbilder das Menschenleben nach Jahrsiebten gliedern und sich eines biblischen Wortes erinnern, sehen in zehn mal sieben Jahren eine runde Ganzheit, und zwar ganz unabhängig von der tatsächlichen Dauer eines Lebens:

»Unser Leben währet siebzig Jahre«, heißt es im 90. Psalm. Wer fünf Jahrsiebte, also fünfunddreißig Jahre zurückgelegt hat, ist demnach in seiner Lebensmitte angekommen. Dabei kann es offenbleiben, wie lange man diesen Zeitraum bemessen will. Keinem bleibt die Tatsache verborgen, um die es hier geht. In einem Satz: Ein Zeitabschnitt des biologischen Aufstiegs neigt sich seinem Ende zu.

Anfangsjahre der Entwicklung

Die Veränderungen während der beiden ersten Jahrsiebte waren auffällig genug, etwa der Zahnwechsel um das siebente, vor allem aber der Beginn der geschlechtlichen Reifung um das vierzehnte Lebensjahr. Beide Vorgänge stellten sich ein, ohne daß der junge Mensch von sich aus initiativ werden mußte. Wie das Wachstum als solches kamen sie über uns als natürliche Ereignisse. Als Prozesse bedurften sie keiner Kurskorrektur, auch keiner individuellen Unterstützung oder Steuerung. Also verlangten sie von uns auch kein Umdenken. Alles lief ganz »wie von selbst« ab, zumindest auf der körperlichen Ebene.

Schwerpunktverlagerung

Anders verhält es sich mit der Zeit der Lebensmitte, d. h. der Zeit, ungefähr zwischen dem dreißigsten und dem vierzigsten Lebensjahr. Die somatischen Vorgänge treten vergleichsweise zurück. Alles scheint »wie gehabt« weiterzugehen. Und doch tritt ein Wandel ein, und sei er noch so unauffällig. Der Schwerpunkt des Geschehens rückt gleichsam von außen nach innen. Je mehr nun der Gegenwartsmensch von dem sehr verständlichen und an sich auch berechtigten Streben nach Erfolg fasziniert ist, je mehr sein Prestigedenken den schon bestehenden Leistungsdruck erhöht, desto schwerer wird er den Forderungen gerecht werden, die seine eigene Psyche an ihn stellt. Es sind Anforderungen einer Wachstumstendenz, die eben nicht im Biologischen begründet ist. Sie beginnen sich in einem Augenblick zu äußern, in dem biologische Abbauprozesse die ersten Spuren hinterlassen. Was der einzelne sich noch nicht einzugestehen bereit ist – in der Wirtschaft oder auf dem Feld des Leistungssportes wird diese Tatsache längst zur Kenntnis genommen. Weil hier die eigentlichen menschlichen Qualitäten nicht oder nur wenig gefragt sind, gilt man je nach Disziplin oder Branche als »alter Herr«, als »nicht mehr ganz junge Frau« oder als eine »schwer vermittelbare Arbeitskraft«. Für den Betroffenen eine überaus schockierende Mitteilung. Daran ändert auch die dann und wann zu hörende Redensart nichts, die da sagt: »Mit den Jungen nehme ich's immer noch auf.« Aber wie lange währt dieses »immer noch«?

Eine Veränderung, die innen beginnen muß

Was nun die zu fordernde Veränderung anbelangt, die innen zu beginnen hat, so ist eine Entelechie gemeint, d. h. eine speziell den Menschen innewohnende Entwicklungstendenz. Hierzu stellen die zeitlich begrenzten Werdevorgänge in der Natur bestenfalls Analogien oder Gleichnisse dar, weil diese innere Entwicklungstendenz die naturhaften, von selbst ablaufenden Vorgänge überschreitet. Was ist damit gemeint?

In der Rückschau erkennbar

Sobald die Stadien der ersten Lebensjahrzehnte durchlaufen sind, zeichnet sich ein Einschnitt in jedem Menschenleben ab. In der Mitte einer Biographie wird in der Rückschau sichtbar, daß die natürlichen Antriebskräfte der Jugend langsam zur Neige gehen. Das bedeutet, daß nun die weitere Lebensführung von jedem einzelnen entschlossen in die Hand genommen werden muß. Das ist aber nur aufgrund einer generellen Neuorientierung möglich. Die Leitbilder, die Zielvorstellungen und auch die Leistungsnormen, die bisher angemessen waren, verlangen eine Überprüfung. Kann es so weitergehen wie bisher? Das ist die meist unausgesprochene Frage. Sie kann nicht bejaht werden. Denn was während der ersten Lebenshälfte als »natürlich« und als berechtigt erschien, das muß eine Wandlung erfahren. Aber welche?

Leben heißt: sich wandeln

Überzogener Kult um die Jugendlichkeit

Wie schwer die Einsicht in die Notwendigkeit einer grundlegenden Veränderung der heutigen Gesellschaft fällt, zeigt sich einerseits durch die Überbetonung der Jugendlichkeit auf nahezu allen Gebieten unserer Zivilisation. Sie zeigt sich andererseits in dem Verlangen, diese Lebensphase des Jungseins und des natürlichen Leistungsvermögens so weit wie irgend möglich ins Alter hinein zu verlängern. So begrüßenswert die Aktivitäten sind, die dem alten Menschen gewidmet werden – oft stehen sie unter dem Vorzeichen eines fragwürdigen Jugendlichkeitswahns. Dabei ist jener erwähnte Schwellenübertritt, der um das vierzigste Lebensjahr einsetzt, ein psychologischer Tatbestand, ob man ihn wahrhaben will oder nicht.

Carl Gustav Jung, der in seiner Analytischen Psychologie dem Wandlungsgeschehen am Anfang der zweiten Lebenshälfte besondere Aufmerksamkeit geschenkt hat, bemerkt hierzu:

In der Sicht des Psychologen

»Je mehr man sich der Lebensmitte nähert und je mehr es einem gelungen ist, sich in seiner persönlichen Einstellung und sozialen Lage zu festigen, desto mehr will es einem scheinen, daß man den richtigen Lauf des Lebens und die richtigen Ideale und Prinzipien des Verhaltens entdeckt habe. Darum setzt man dann ihre ewige Gültigkeit voraus und macht sich eine Tugend daraus, an ihnen auf immer hängenzubleiben. Man übersieht dabei die eine wesentliche Tatsache, daß die Errichtung des sozialen Zieles auf Kosten der Totalität der Persönlichkeit erfolgt. Vieles, allzu vieles: Leben, das auch hätte gelebt werden können, bleibt vielleicht in den Rumpelkammern verstaubter Erinnerung liegen. Manchmal sind es auch glühende Kohlen unter grauer Asche.«[54]

Unliebsame Veränderungen

Psychotherapeuten beobachten eine Zunahme von Depressionen um das vierzigste Lebensjahr. Bei Frauen können neurotische Schwierigkeiten etwas früher auftreten.

Das alles, weil in dieser Lebensphase eine bedeutende Veränderung innerhalb der menschlichen Seele stattfindet, auch wenn diese einem zunächst gar nicht bewußt ist. Der Tiefenpsychologe fügt hinzu:

»Manchmal ist es wie eine langsame Charakteränderung, ein anderes Mal kommen Eigenschaften wieder zum Vorschein, die seit dem Kindesalter verschwunden waren, oder die bisherigen Neigungen und Interessen fangen an zu verblassen, oder – was sehr häufig ist – die bisherigen Überzeugungen und Prinzipien, besonders die moralischen, beginnen sich zu verhärten und zu versteifen, was sich allmählich gegen fünfzig bis zu Unduldsamkeit und Fanatismus steigern kann.«[55]

Die Vorbereitung auf das »zweite Leben«

Angesichts dieser Anpassungsschwierigkeiten in bezug auf die besonderen Verhältnisse der zweiten Lebenshälfte stellt sich die Frage nach einer Vorbereitung auf diesen Lebensabschnitt. Ärzte und Lebensberater aller Art sparen nicht mit Empfehlungen. Über den medizinisch-praktischen Ratschlägen, deren Wert unbestritten ist, vergesse man aber nicht die spirituellen! C. G. Jung hat in diesem Zusammenhang einmal davon gesprochen, daß es so etwas wie »Schulen für Vierzigjährige« (und Ältere) geben sollte. Natürlich meinte er damit nicht in erster Linie eigens einzurichtende Institutionen. Seine Forderung bezog sich vielmehr auf eine individuell gestaltete innere Neuorientierung. Sein Argument lautet:

»Der Mensch würde gewiß keine siebzig oder achtzig Jahre alt, wenn diese Langlebigkeit dem Sinn seiner Spezies nicht entspräche. Deshalb muß auch sein Lebensnachmittag eigenen Sinn und Zweck besitzen und kann nicht bloß ein klägliches Anhängsel des (Lebens-)Vormittags sein.«[56]

Die Sonnenbahn als Vergleich

Demnach vergleicht der Psychologe das menschliche Leben mit dem Lauf der Sonne. Dem Aufstieg zur Höhe des Mittags folgt der allmähliche Abstieg zum Lebensnachmittag und zum Lebensabend hin. Von daher ergeben sich auch unterschiedliche Aufgaben, zunächst die Aufgabe, im persönlichen und im beruflichen Bereich Fuß zu fassen. Jung spricht geradezu von dem »Naturzweck«. Ist er erfüllt, dann beginnt eine andere Phase, der »Kulturzweck«. Zur Erreichung des ersten Ziels hilft die Natur und überdies die Erziehung. Zur Erreichung des letzteren Ziels trägt das bisher Erlernte freilich meist nicht viel bei. Denn was die Jugend gleichsam außen fand, auch außen finden mußte, das soll der Mensch des Lebensnachmittags innen finden, innen gestalten, nämlich durch eine seelisch-geistige Aktivität.

Im Zeichen der Wandlung

Dabei darf man nicht übersehen, daß die traditionelle Religiosität wie auch spirituelle Praktiken in der Psychotherapie eine moderne Entsprechung finden. Diese Parallelität kann man sich an dem zentralen Motiv der Wandlung und des Sterbens verdeutlichen. Dieses Motiv ist in vielfältiger Weise in der Religions- und Geistesgeschichte anzutreffen, nämlich überall dort, wo es um den Prozeß einer geistig-seelischen Reifung und der Ganzwerdung geht. Hierfür einige Beispiele:

In den antiken Mysterien Griechenlands und Kleinasiens wurde der Einzuweihende mit der Realität des Sterbens symbolisch konfrontiert. Er erfuhr, daß das menschliche Leben sich nicht im Biologischen erschöpft. Er soll sich nicht nur als ein Naturwesen betrachten, das durch die Stationen von Geburt und Tod begrenzt ist. Das Menschsein reicht vielmehr über das Vergängliche, Sterbliche hinaus in die Unsterblichkeit. Ihrer will man schon im jetzigen Leben gewiß werden.

Transformation

Das Christentum hat diesen Gedanken aufgenommen bzw. beibehalten. Denn, so schreibt Paulus in seinem ersten Korintherbrief, »dies Sterbliche muß anziehen die Unsterblichkeit«. Gemeint ist eine Transformation. Von dieser Teilhabe an einem naturgemäß verborgenen Leben weiß vor allem der Mystiker, der bereit ist, sein Alltags-Ich aufzugeben. Er tut dies nicht etwa aus Lebensüberdruß. Sein

Entschluß zum »mystischen Tod« resultiert eher aus dem Verlangen nach »mehr Leben«, nach einem größeren, zugleich tiefer gegründeten Leben. Es soll nicht erst nach dem medizinischen Tod beginnen, etwa in der Vertröstung auf ein fernes Jenseits, sondern bereits jetzt und hier, also inmitten dieser irdischen Existenz. Die Devise eines Mystikers lautet demnach:

»Wer nicht stirbt, eh' er stirbt, der verdirbt, wenn er stirbt.«

... ins größere Leben

In seinem berühmten »Cherubinischen Wandersmann« gibt der Angelus Silesius Johannes Scheffler dieser Gewißheit Ausdruck, wenn er schreibt:

»Ich glaube keinen Tod, sterb ich gleich alle Stunden,
So hab ich jedesmal ein höher Leben funden.«

Und um dieses neue, höhere Leben geht es in der Tat in den mystisch-esoterischen Zusammenhängen. Aus diesem Grund kommt der Spiritualität, die dem Mysterium der Wandlung eine zentrale Stellung einräumt, für den Menschen der zweiten Lebenshälfte so große Bedeutung zu. Unter einem anderen Aspekt sprach Meister Eckhart von dem Motiv der »Gottesgeburt im Seelengrund«. Mit der ihm eigenen Entschiedenheit schreibt er von diesem Geschehen:

Gottesgeburt im Seelengrund

»Wahrhaftig, willst du diese edle Geburt finden, so mußt du die Menge verlassen und mußt zum Ursprung umkehren, zu jenem Grund, aus dem du gekommen bist. Die Menge, das sind die (naturhaften) Kräfte der Seele und ihr Treiben, Gedächtnis, Verstand und Wille, die dich allesamt zerstreuen. Darum mußt du sie alle lassen, die Sinnenhaftigkeit und das Hängen an den Bildern; kurz alles, in dem du dich selbst vorfindest und dich meinst. Dann erst kannst du die Geburt finden; wahrhaftig, anders nicht.«

Eckhart läßt seine Hörer und Leser nicht im unklaren darüber, welchen Wert er hierbei der landläufigen Religiosität beimißt, die sich auf äußere Objekte der Frömmigkeit richtet. Ob man mit all dem zum Grund des Seins, eben zu Gott, finden könne? Seine Antwort ist kompromißlos:

Meister Eckhart

»Wahrlich nein! Wenn das auch gut oder göttlich sein mag, (was die Menschen in gottesdienstlichen Veranstaltungen ins Werk setzen), so ist es doch von außen durch die Sinne hereingetragen. Aber es muß alles von innen herauf und aus Gott herausquellen, soll diese (Gottes-)Geburt eigentlich und lauter aufleuchten. Zum Erliegen kommen muß all deine Geschäftigkeit. Alle deine Kräfte müssen dem Seinen, nicht aber dem Deinen dienen. Gott allein muß es wirken, soll das Werk vollkommen sein. Du hingegen sollst es allein zulassen. Wo du wirklich aus deinem Willen und aus deinem Wissen herausgehst, da geht Gott wahrhaftig und von seinem Willen erfüllt hinein und leuchtet klar mit seiner Weisheit ... Soll Gott göttlich in dir aufleuchten, so ist dein natürliches Licht völlig überflüssig. Mehr noch: es muß zu einem totalen Nichts werden und sich völlig aufgeben. Dann erst kann Gott mit seinem Licht hineinleuchten.«[57]

Es fragt sich jedoch, in welchem Maße es etwa einem betont extravertierten, d. h. nach außen gerichteten Menschen von heute gelingt, diese Wendung nach innen zu vollziehen und eine solche Spiritualität seinem konkreten Leben einzufügen.

Vom Aufgang im Untergang

Anstöße von außen

Um das Gemeinte deutlicher zu machen, müssen wir das erwähnte Motiv weiter durchleuchten: Wer dem medizinischen Tod gerade noch einmal entronnen ist, nach einem Infarkt, bei einem Unfall oder nach einer lebensgefährlichen Krankheit, der wird sich der existentiellen Gültigkeit jenes Wortes vom mystischen Tod erst voll bewußt werden können. Dabei handelt es sich um ein Thema und um eine Situation, mit der im Grunde jeder auf seine Weise »fertig werden« muß jeder, der die Schwelle der Lebensmitte überschreitet. Wie wir bereits gesehen haben, schenkt C. G. Jung in seinen Schriften diesem Problem große Aufmerksamkeit. Er schreibt nicht weniger lapidar und nicht weniger schonungslos als der mittelalterliche Mystiker:

Umkehr der Lebenslinie

»Von der Lebensmitte an bleibt nur der lebendig, der mit dem Leben sterben will. Denn das, was in der geheimen Stunde des Lebensmittags geschieht, ist die Umkehr der Parabel, die Geburt des Todes. Das Leben der zweiten Lebenshälfte heißt nicht Aufstieg, Entfaltung, Vermehrung, Lebensüberschwang, sondern Tod, denn sein Ziel ist das Ende. Seine Lebenshöhe nicht wollen ist dasselbe wie sein Ende nicht wollen. Beides ist: nicht leben wollen. Nicht leben wollen ist gleichbedeutend mit nicht sterben wollen. Werden und Vergehen ist dieselbe Kurve.«[58]

Besonders eingängig oder gar sympathisch sind diese Sätze wohl nicht, jedenfalls nicht auf den ersten Blick. Man muß sich schon die Mühe machen, genau hinzusehen, bis einem aufgeht, was die paradox formulierte Aussage vom Lebenwollen und Sterbenwollen bedeutet. Jung ergänzt:

C. G. Jung

»Ein Mann von dreißig, der noch infantil ist, ist wohl bedauernswert, aber ein (allzu) jugendlicher Siebziger, ist das nicht entzückend? Und doch sind beide pervers, stillos, psychologische Naturwidrigkeiten. Ein Junger, der nicht kämpft und siegt, hat das Beste seiner Jugend verpaßt, und ein Alter, welcher auf das Geheimnis der Bäche, die von Gipfeln in Täler rauschen, nicht zu lauschen versteht, ist sinnlos, eine geistige Mumie, welche nichts ist als erstarrte Vergangenheit. Er steht abseits von seinem Leben, maschinengleich sich wiederholend bis zur äußersten Abgedroschenheit. Was für eine Kultur, die solcher Schattengestalten bedarf!«[59]

Die innere Lebenslinie

Weil vorhin auf das Gleichnisbild vom Sonnenlauf angespielt wurde, ist an dieser Stelle eine für unser Thema wichtige Ergänzung einzufügen: Es gibt offensichtlich nicht nur jene Lebenslinie, die nach dem Zenit absinkt, dem biologischen Absterben entgegen. Das Bild von der Sonnenbahn veranschaulicht nur einen Aspekt des menschlichen Lebens. Und darin stimmen die alten geistigen und religiösen Überlieferungen in West und Ost mit der modernen Tiefenpsychologie überein, daß es auch noch eine andere Lebenslinie gibt. Sie bildet nicht die biologisch-naturhaften Vorgänge des Aufstiegs und Abstiegs, des Werdens und Vergehens ab. Diese andere Lebenslinie ist geistig-seelischer Art. Sie folgt ihren eigenen Gesetzmäßigkeiten.

Aufgang im Untergang

Damit sind wir an einem entscheidenden Punkt unseres Gedankengangs angelangt; denn es gibt einen Aufgang im Untergang. Es gibt eine neue Aussaat, wo das Feld des natürlichen Lebens bereits abgeerntet zu sein scheint. Hier können Überlegungen nützlich sein, die der hochbetagte niederländische Arzt und Jugendpsychiater Bernard Lievegoed angestellt hat.

Lievegoed legt dar, wie die geistige – gemeint ist die spirituelle – Entwicklung des Menschen am Anfang des Lebens mit der Entfaltung und Ausbildung des Ich-Bewußtseins parallel läuft, sich jedoch zur Lebensmitte hin verselbständigt. Und in dem Augenblick, in dem die biologische Kurve sich allmählich zu senken beginnt, ist ein wichtiger Lebensmoment erreicht. Hier entscheidet sich, ob nun auch in seelisch-geistiger Hinsicht ein solcher Abstieg erfolgen wird – ein tragisches Ende – oder ob es gelingt, eine innere Kehre zu vollziehen, d. h.: einen Aufstieg im Seelisch-Geistigen.

Daß künstlerisch oder wissenschaftlich kreative Menschen oft erst in der letzten Lebenszeit ihr Werk zu krönen vermögen, ist immer wieder zu beobachten. Bernard Lievegoed, der in seinen Arbeiten die tiefenpsychologischen Resultate verschiedener Schulen mit Einsichten zu verbinden weiß, die er aus der Menschenkunde Rudolf Steiners ableitet, trifft hierbei folgende bemerkenswerte Feststellung:

Die große Wende vollziehen

»Wer in der mittleren Phase seines Lebens schon Interesse für Kunst, Wissenschaft, Natur oder soziale Tätigkeit entwickelt hat, der wird die große Wende auf seinem Lebensweg nach dem vierzigsten Lebensjahr fast unbemerkt passieren. Er wird jenseits dieser Schwelle die Kraft für sein Leben immer mehr aus einem geistigen Quell schöpfen können. Wer allerdings in der mittleren Phase seines Lebens nur dem persönlichen Erfolg nachgejagt ist, wer alles selbst hat tun wollen, nur von sich selbst ausgegangen ist, alles beiseite geschoben hat, was der Karriere hinderlich war, oder wer sich passiv durch seine Arbeit oder seine Lebensumstände hat leben lassen, kommt nach dem vierzigsten Lebensjahr in eine existentielle Krise und ist Mitte fünfzig ein tragischer Mensch geworden, der immer nur der guten alten Zeit nachtrauert und sich von allem Neuen bedroht fühlt.«[60]

Solche Feststellungen, die ihrem Gehalt nach durch Beobachtungen an psychisch belasteten wie an gesunden Menschen bestätigt worden sind, haben C. G. Jung, aber auch Vertreter anderer Schulrichtungen zu der Überzeugung geführt, daß die heute erforderliche Therapie zu erweitern sei. Es genüge nicht, sich ausschließlich pathologischen Erscheinungen zuzuwenden. Der englische Psychotherapeut Gerhard Adler, ein Schüler C. G. Jungs, bemerkt zu dieser besonderen, auf den Reifungsprozeß der Individuation ausgerichteten Aufgabenstellung:

Verwandlung zu neuem Werden

»Die geistige Seite des Menschen wird hierbei ebenso berücksichtigt wie seine rein instinktive. Die geistige Seite muß sogar als die in Wirklichkeit entscheidende Erscheinungsform des psychischen Prozesses angenommen werden, weil sie die charakteristisch menschliche ist ... Die ganze Natur beruht auf dem Doppelprinzip von Aufbau und Abbau. Aber Abbau meint hier eben nicht Zerstörung, vielmehr eine Verwandlung zu neuem Werden. Abbau bedeutet nicht absoluten Tod, sondern Auflösung der bestehenden Struktur als Vorstufe zu neuer Geburt ... In der ersten

Lebenshälfte überwiegt die Aufgabe der Anpassung an die Außenwelt durch Entfaltung und Ausdehnung. Je mehr sie geleistet sind, je mehr der Mensch in die zweite Lebenshälfte hineinwächst, desto mehr tritt die Notwendigkeit der Anpassung an die Innenwelt hervor, die In-sich-Gehen und Sich-Konzentrieren bedeutet. In der ersten Hälfte können und sollen wir leben, ohne zuviel über das Leben zu reflektieren. Denn unsere erste Aufgabe ist es, zu leben und dadurch zu wachsen. Aber in der zweiten Hälfte tritt die Forderung an uns heran, uns um den Sinn unseres Lebens und des Lebens überhaupt zu bemühen.«[61]

Was kann man tun?

Was kann nun geschehen, daß der mitten im Leben stehende, von seinen Berufs- und Alltagspflichten stark in Anspruch genommene Mensch auch seine Innenwelt kennenlernt? Hierzu bieten sich mancherlei Möglichkeiten an. Eine davon ist beispielsweise das Hineinblicken in die inneren Bilder, die uns in unseren Träumen begegnen, seien es beglückende oder auch erschreckende Traumbilder. Dabei kommt es nicht so sehr darauf an, daß man sich um deren exakte oder fachgerechte Deutung bemüht. Was aus dem Boden unseres Unbewußten hervorwächst, besitzt seinen Eigenwert. Der Wert eines Kunstwerks hängt auch nicht von kunsthistorischen Interpretationen ab. Viel ist schon gewonnen, wenn wir die Hervorbringungen der eigenen Seelentiefe als zu uns gehörend akzeptieren, wenn wir sie staunend zur Kenntnis nehmen und uns mit der inneren Bilderwelt vertraut machen. Das ist das eine.

Traditionen vergegenwärtigen

Auf der anderen Seite ist da der erwähnte unermeßliche Reichtum an Überlieferung in Gestalt von Märchen und Mythen. Wieder kommt der modernen Tiefenpsychologie das Verdienst zu, auf dieses weite Gebiet von neuem hingewiesen und es der individuellen Aneignung erschlossen zu haben. Das gilt in ähnlicher Weise für das Verständnis religiöser Wortlaute und Gleichnisbilder. Das gilt für die mythischen Elemente der Bibel und anderer heiliger Schriften der Menschheit. Es ist wohl kein Zufall, daß das Interesse an einer tiefenpsychologischen Interpretation etwa des

Neuen Testaments in den letzten Jahrzehnten allgemein zugenommen hat. Dieses Interesse ist nicht unbedingt an ein bestimmtes Lebensalter gebunden. Aber es ist keine Frage, daß die Bildgehalte des Evangeliums in besonderer Weise zum Menschen sprechen, der damit beginnt, auch die innere Dimension der Wirklichkeit als zur Lebensganzheit gehörend anzuerkennen. Die zweite Lebenshälfte lädt dazu ein. Sie ist eine ungeahnte Chance zu einem Neuanfang. Wer sich auf jene Traditionen einläßt, darf sich auf Überraschungen gefaßt machen. Denn was da erzählt wird, das hat mit dem Leser oder Hörer von heute zu tun, obwohl Jahrtausende zwischen der erstmaligen Schilderung und dem gegenwärtigen Augenblick liegen mögen.

Nun scheint die mythen- und symbolschaffende Kraft der Seele einer unerschöpflichen Quelle zu entstammen. Der Quellgrund ihrer Hervorbringungen, das ist die Seele selbst. Von ihr kommen die kreativen Impulse aller Art. Sie schafft die archetypischen, die urtümlichen Bilder. Die große Faszination, die mythische Erzählungen auszuüben vermögen, rührt offensichtlich daher, daß eine geheime Korrespondenz zwischen der Psyche des heute lebenden Menschen und dem unermeßlichen Strom jener Hervorbringungen besteht. Trifft dies zu, dann darf grundsätzlich jedes Zeugnis dieser Art mit Spannung und erwartungsvoll entgegengenommen werden.

Trifft es weiterhin zu, daß auch frühere Generationen der Menschheit die Lebensmitte als eine Lebenswende und als eine Herausforderung besonderer Art erlebten, dann muß sich dieses Erleben in bildhafter Form in ihren Aufzeichnungen niedergeschlagen haben. Und es besteht offensichtlich kein Anlaß, an der Gültigkeit dieser Annahme zu zweifeln. Machen wir daher die Probe aufs Exempel und lassen wir eine Schilderung dieser Art auf uns wirken.

- Die Lebensmitte bietet die Chance zur inneren Neuorientierung.
  Was bisher an Sinngebung noch außen in der materiellen Welt gefunden werden konnte, findet der Mensch in der zweiten Lebenshälfte nun innen, im Seelisch-Geistigen.
- Märchen und Mythen zeigen Wege auf, sich der eigenen Innenwelt anzupassen, in sich zu gehen und notwendige Entscheidungen für die Gestaltung der zweiten Lebenshälfte zu treffen.

Zum Beispiel »Gilgamesch«

Da ist einer, den die Sehnsucht treibt, das Kraut der Unsterblichkeit zu finden. Auf zahlreichen Reliefs ist er überlebensgroß dargestellt: Gilgamesch, der König von Uruk, der Löwenbezwinger. Das älteste der uns bis heute bekannten Epen der Menschheit schildert uns sein Geschick, das Geschick eines Helden. Von ihm heißt es:

> Der alles gesehen im Bereich des Landes,
> Der die Meere kannte, jegliches wußte,
> Weisheit besaß er, Kenntnis der Dinge allzumal,
> Verwahrtes auch sah er, Verborgenes enthüllte er;
> Hat Kunde gebracht von der Sintflut,
> Fernen Weg befahren, daß er matt und müde,
> Auf einen Denkstein die ganze Mühsal gemeißelt.[62]

Urbildliches taucht auf

Diese Kunde ist zugleich ein Bericht seiner eigenen Erfahrung. Die Erfahrung des Gilgamesch kann auch für andere wichtig werden, weil Urbildliches sich in seinem Schicksal widerspiegelt. Gilgamesch ist eine übermenschliche Erscheinung, zu einem Drittel Mensch, aber zu zwei Dritteln ein Gott. Aus besonderem Anlaß gesellen ihm die Götter einen Gefährten zu, den naturhaften »pelzüberzogenen« Enkidu. Gleichsam Gilgameschs Ander-Ich, seine unbewußte »Schatten«-Seite. Beiden zusammen gelingt es, den monströsen Walddämon Chumbaba zu töten.

Auch den von der Göttin gesandten Himmelsstier vermögen die beiden zu besiegen, ein Sieg über die transpersonalen Triebgewalten, wie wir ihn vom Kampf des Mithras her kennen, der ebenfalls den Stier tötet. Zahlreiche Kultreliefs halten das Ereignis fest.

In allem ist sich Gilgamesch bewußt, daß er auf der Seite und in der Nachfolge des Sonnengottes Schamasch steht. Zu ihm bekennt er sich:

> Ich bin doch dem Schamasch gefolgt,
> Den Weg gegangen, der mir bestimmt war!

Die Entstehung der bewußten Ichhaftigkeit

Diesem sonnenhaften Prinzip verbunden, mußte er jenen Himmelsstier töten. Dieser war ursprünglich dazu ausersehen, Gilgamesch zu vernichten, weil er es gewagt hatte, das eindringliche Liebeswerben der Göttin Ischtar mit Schimpf und Spott zu beantworten. Der Sonnengott Schamasch kann indes als Repräsentant des Bewußtseins gelten. In Gilgamesch tritt es aus den Traumtiefen des Mythischen heraus und erlangt Ichhaftigkeit. Dies entspricht der Tendenz des Heranwachsenden, der zunächst die bewußte Ichhaftigkeit anstrebt, bevor er die volle Persönlichkeitsreife erlangen kann.

Nachdem die Taten von Gilgamesch-Enkidu vollbracht sind, ist eine kritische Phase erreicht, gleichsam die Lebensmitte-Situation. Enkidu, der hier die naturhafte und damit die vergängliche Wesensseite des Menschen verkörpert, wird in die Unterwelt abgerufen. Gilgamesch beklagt den Tod seines Gefährten. Nun muß er ohne ihn auszukommen suchen. Und eben in der Klage über den Verlust des Naturhaften wird er seines eigentlichen Menschseins inne. Der Verlust hat somit einen positiven Aspekt gewonnen. Gilgamesch ist nicht länger ein Zweidrittelgott. Der jugendliche Held in ihm ist gestorben. Die Lebensmitteproblematik kündigt sich in eigentümlicher Weise an.

Prüfungen

Jetzt ist es hohe Zeit für ihn, sich um die Unsterblichkeit zu bemühen. Mancherlei Prüfungen nimmt er auf sich; zum einen, um Einsicht in die Fragen zu Leben und Tod zu erhalten. Er sucht den Weg zu den unsterblichen Ahnen. Utnapischtim, der Noah der babylonischen Sintflut-Sage, weist ihm den Weg auf dieser »Nachtmeerfahrt der Seele«. Zum anderen hofft er in der Tiefe jenes Kraut, das ewige Jugendlichkeit garantiert, zu erhaschen. Das scheint anfangs zu gelingen. Aber kaum hält er es für einen Moment in den Händen, entreißt es ihm und verzehrt es eine Schlange. Gilgamesch will ihr die wertvolle Beute abjagen. Doch die Schlange entwindet sich ihm, indem sie verjüngt die alte Haut abstreift. – Das heißt doch: Gegen das Altern und die Sterblichkeit ist zwar kein Kraut gewachsen. Aber es gibt dennoch eine Verjüngung, gleichsam eine Jugendlichkeit neuer Ordnung. Es ist die Verjüngung im Zeichen der Schlange, und die heißt Wandlung. Die »alte Haut« einer abgelebten Natur muß preisgegeben werden. Festhalten wie einen unvergänglichen Besitz läßt sie sich nicht. Insofern gibt es für die biologische, zeitlich begrenzte Jugendlichkeit des Enkidu-Anteils von Gilgamesch keine willkürliche Verlängerung. Diese Einsicht gilt es zu erringen, soll der Mensch auch innerlich wachsen und reif werden.

Nach langer Ausfahrt kehrt Gilgamesch schließlich heim in seine Stadt Uruk. Was wie eine bloße Rückkehr an den Ausgangsort der Reise anmutet, das ist unter einem neuen Gesichtspunkt zu betrachten. Die Psychologin Rivkah Kluger-Schärf faßt Gilgameschs Erfahrung so zusammen:

Gilgameschs Erfahrung

»Er sah das Licht, das er ersehnte, und fühlte den Hauch des Geistes, der ihm gefehlt hatte. Dies läßt seinen Verlust des Lebenskrautes in einem anderen Licht erscheinen. Es ist nicht nur ein tragisches Unglück, sondern vielleicht ein Hinweis darauf, daß er das Lebenskraut nicht behalten durfte, daß das Unbewußte es ihm versagte, weil es wohl Verjüngung und Lebensverlängerung bedeutet hätte, Ziel seiner anfänglichen Sehnsucht, nicht aber Wandlung des inneren Menschen entsprechend dem tieferen Verlangen nach Erleuchtung und nach Bewußtseinserweiterung, für die ihn Schamasch, der Sonnengott, einst erwählt hatte. Verzweiflung über den Tod hatte ihn in die Suche nach einer Umgehung des Todes durch ewige Verlängerung des irdischen Lebens geführt, aber die Schlange hatte sich nun in ihm gehäutet. Er nahm sein irdisches Leben wieder auf, den Tod akzeptierend, einbeziehend. Der Zweidrittelgott hat sich dem Menschsein gebeugt. Der Eindrittelmensch hat das Göttliche in sich erfahren.«[63]

Parzivals Gralssuche

Faszinierende Themen

Nun ist es Mal um Mal überraschend, wenn man sieht, wie die großen Texte der Weltliteratur ebenso wie die dem Schoß der Völker entwachsenen Märchen den menschlichen Schicksalsweg in urtümlichen Bildern besingen und beschreiben. Als seien sie in ihr faszinierendes Thema verliebt – das sind sie ja wirklich! –, so setzen die Autoren immer wieder von neuem an, ihre Helden zu beschwören, als gelte es, das eigene Wesensbild immer deutlicher, eindringlicher zu erfassen. Und die Hörer wie die Leser all der Dichtungen wissen oder ahnen es zumindest, daß jeweils ihre eigene Sache verhandelt wird. Den zugrundeliegenden psychologischen Tatbestand hat Emma Jung, die Gattin des Schweizer Psychologen, in allgemeingültiger, die Reifungsproblematik erhellender Weise beschrieben. Bei Emma Jung liest man:

Verborgene Kraftquellen

»Durch das Erscheinen eines archetypischen Bildes wird der Mensch an seine Menschenart erinnert oder an die ihm zugrunde liegende Idee. Es werden ihm neue, das heißt bisher nicht erkannte Möglichkeiten sichtbar, und er erfährt über sie einen Kraftzuschuß; denn die Archetypen haben numinosen Charakter und wirken wie eine verborgene Kraftquelle.«[64]

Der Heilige Gral

Das Gesagte trifft in hohem Maße auf die Gralserzählungen zu. Mehrere Traditionsstränge, westliche und östliche, laufen in ihnen zusammen und komponieren jeweils ein neues, perspektivenreiches Gemälde. Es ist die Geschichte von einem, der auszog, um ritterlichen Ruhm zu erwerben. Geschildert wird, wie diesem angehenden Ritter vorherbestimmt ist, ein außerordentlich geschätztes Gut zu erringen, nämlich den Heiligen Gral. Er – Perceval in der Dichtung des Nordfranzosen Chrétien de Troyes, Parzival bei Wolfram von Eschenbach – verkörpert einen Menschen, der seinem wahren Selbst auf die Spur kommen möchte. Anfangs geschieht alles absichtslos und wie zufällig. Der jugendliche Held kann nicht wissen, was ihm bevorsteht. Und was ihm widerfährt, bleibt ihm zunächst verborgen. Erst später fällt ein erhellendes Licht auf den Weg der zahllosen Abenteuer. Schauen wir uns einige Stationen Parzivals an:

Ausgangspunkt

Zuerst ist da der schützende, bergende Wald. Er mutet an wie eine mütterliche, zugleich von Unbewußtheit eingehüllte Welt. Sie umgibt den jungen Parzival. Unbewußtheit bestimmt auch seine seelische Verfassung. Die Mutter, eine Witwe, will ihr Kind vor der gefährlichen Welt draußen bewahren. Wäre ihr dies möglich, geschähe es um den Preis der Reifung ihres Sohnes. Parzival bliebe infantil. Er bliebe – ähnlich den Dummling-Figuren in den Volksmärchen – ein unerfahrener Tölpel. Dabei sind die Widerstände und die Auseinandersetzung mit den Gefahren nötig für die Ich-Werdung des Menschen. Parzival, der Vaterlose, gerade er ist zum Helden prädestiniert. Gerade er hat die Chance, sich den Vater zu ersetzen, indem er ihn in sich erzeugt, und mögen die Umwege noch so weit, die Hindernisse noch so groß sein.

Rechtzeitige Umorientierung

Das gilt auch für das konkrete Leben, wie die Erfahrung immer wieder zeigt. Wir kennen den Selfmademan und natürlich gleicherweise die Selfmadewoman. Vaterlos bahnen sie sich ihren Weg in die Welt, ohne »gute Beziehungen« gehabt zu haben und ohne auf besondere Weise gefördert worden zu sein. Auf einem anderen Blatt steht freilich, ob es ihnen gelingt, auch auf dem inneren Weg voranzukommen, wie dies die zweite Lebenshälfte als Aufgabe nahelegt. Selbstverständlich ist das keineswegs, bedenkt man, daß ein solcher Pioniertypus der Gefahr ausgesetzt ist, diese nach außen gerichtete Aktivität bis weit über die Lebensmitte hinaus fortzusetzen und darüber die rechtzeitige Umpolung zu versäumen. Für die Persönlichkeitsreifung ist sie unerläßlich.

Ganzwerdung als Ziel

Doch nun wieder zurück zu dem jungen Parzival, dem die Welt eines Tages offensteht: Das Bild der Ritterschaft taucht vor ihm auf. Der Knabe ahnt instinktiv, daß seine Bestimmung damit zusammenhängen müsse. Aus dem Zusammenhang der Dichtung wird klar, daß der Ritter den Typus des idealen Menschen repräsentiert. So tölpelhaft die ersten »Taten« Parzivals auch sein mögen, das Idealbild des Ritters enthüllt sich auch ihm. Er erhält Zugang zur Tafelrunde des Königs Artus mit seinen zwölf ritterlichen Gefährten. Noch ist dem Anfänger, der gerade erst im Begriffe ist, den Heldenweg zu beschreiten, nicht bewußt, in was für einer Umgebung er sich befindet. Denn dieser Artus-Kreis stellt ein Ganzheitssymbol dar. Das unterstreicht noch die kosmische Zwölfzahl seiner Mitglieder.

Und so stürmt Parzival tatendurstig »hinaus in die brausende Welt«, wie es bei Rilke heißt. Er tötet den »roten Ritter« und gewinnt die schöne Kondwiramur. Der Muttersohn hat zur Frau gefunden; er hat, mit C. G. Jung zu reden: seine Anima entdeckt. Und im roten Ritter ist ihm ein Aspekt seines Ander-Ich begegnet. Es ist die dunkle Schattenseite, die ebenfalls zur Personganzheit hinzugehört und mit der es sich auseinanderzusetzen gilt. Die geschilderten äußeren Begebenheiten entsprechen einem inneren Prozeß.

Von der Tatenfülle zur Sinnfindung

Eine wichtige Station auf dem Parzival-Weg ist in dem Moment erreicht, als der Umherschweifende in den Bereich eintritt, in dem sich sein künftiges Leben entscheiden soll. Auffällig ist die damit vollzogene Wendung, von außen nach innen, von der Tatenfülle zur Frage nach dem Sinn. Unsere Dichtung schildert Parzivals Eindringen in den Mysterienbereich, wo der Heilige Gral gehütet wird. Bei Chrétien handelt es sich um ein wundersames Gefäß, eine Schale; bei Robert de Boron ist der Gral jener Kelch, der das heilbringende Blut Jesu enthalten hat; bei Wolfram von Eschenbach ist es ein wunderwirkender Stein. Und da ist vor allem der von einer Lanze verletzte, der leidende Burgherr Amfortas.

Konventionen überwinden

Vor Parzivals Augen vollzieht sich ein eigentümlicher, vom Schleier des Geheimnisses verhüllter Kultus. Aufgabe des ahnungslosen Ritters wäre es, die entscheidende, zugleich das Schicksalsrätsel des Amfortas lösende Frage zu stellen. Aber die mittlerweile erlangte höfische Erziehung mit ihren Konventionen verbietet ihm, »durch Mitleid wissend« zu werden. Noch ist er nicht imstande, die lösende Frage zu stellen. Der Held auf der Gralssuche müßte nun gerade die konventionellen Verhaltensweisen der Allgemeinheit für sich relativieren und seines individuellen Lebensauftrags inne werden. So jedoch sind weitere Aufgaben zu erfüllen und eine Reihe weiterer Abenteuer zu bestehen, ehe Parzival das Wort der Entzauberung zu sprechen vermag, durch das Amfortas gesundet und er selbst zum Gralskönig berufen werden kann. Ihm wird einsichtig, daß er der Gemeinschaft der Gralshüter verwandtschaftlich verbunden ist. Dieser Vorgang der Bewußtwerdung entbindet die heilende Kraft und erschließt dem Sucher den Sinn seines eigenen Lebens.

Auf noch einen Gesichtspunkt ist aufmerksam zu machen: Das Signum des Heroischen ist schon dem Perceval-Parzival-Namen eingeprägt. Die Vorsilbe »Per« oder »Par« bedeutet »durch, hindurch«. Parzivals Lebensaufgabe besteht eben darin, hindurchzudringen durch undurchdringlich scheinende Hindernisse auf dem Weg, d. h.: von der Tumbheit des unbewußten, unerfahrenen Jungen zur Beziehungs- und Erkenntnisfähigkeit dessen zu kommen, der zur Persönlichkeit gereift ist.

Archetypische Grundmuster

Das Helden-Motiv

Dies sind nur einige wenige Momente aus der großen Fülle der Ereignisse, die die Schöpfer der Gralsdichtung schildern. Läßt man die einzelnen Mythen auf sich wirken, neben dem Gilgamesch-Epos etwa auch Homers Odyssee oder des Christian Rosenkreuz' Einladung zur »Chymischen Hochzeit«, dann kann die Frage laut werden, warum in all diesen Schilderungen meist nur männliche Gestalten und deren Irrfahrten im Mittelpunkt stehen. Dafür lassen sich verschiedene Gründe anführen: Weil das Heldenmotiv in der Überlieferung eben meist durch Männer verkörpert wird oder der Autor nicht verleugnen kann, als Mann geschrieben zu haben. Wichtiger dürfte indes der Hinweis sein, daß das für die volle Selbstwerdung erforderliche Heldentum im Grunde an kein Geschlecht gebunden ist. Jeder und jede ist dazu geboren. Und wenn auch nicht jeder als Gilgamesch, als Odysseus oder Parzival identifiziert werden kann, so gibt es doch archetypische Grundmuster, die im menschlichen Schicksal ihren Niederschlag finden. Es handelt sich um Momente, deren Bedeutung von der Lebensmitte an für uns immer wichtiger wird. Einige dieser Momente seien an dieser Stelle genannt:

Gewonnene Einsichten

Folgende Einsichten sollte sich der älter werdende Mensch zu eigen machen,

daß das bisherige Leben auf einen Wendepunkt zusteuert, der eine Entscheidung verlangt, eine Trendwende –

daß ein Aufbruch zu neuen Horizonten gewagt werden muß und kann –

daß die bisherigen Konventionen, auch die Instanzen und Autoritäten nicht länger richtungweisend sein müssen; eine Umwertung aller Werte kündigt sich hierbei an –

daß Liebgewordenes preisgegeben und Opfer gebracht werden müssen –

daß Einsamkeitserlebnisse auftreten und man auf sich selbst verwiesen ist ...

Der Katalog ließe sich fortsetzen. Sein Inhalt besagt: Das Leben auf dem Individuationsweg wird zwar schwerer, aber auch reicher. In seinem Gedicht »Wandlung« aus dem Jahre 1937 hat Werner Bergengruen Gabe und Aufgabe dieses Wegs so beschrieben:

»Wandlung«

Löse dich von Haus und Haft
eh der Herd verglimmt.
Denn zu Gottes Wanderschaft
bist du vorbestimmt.

Hufschlag hart am Straßenbord,
Wagenspur und Tritt
löscht der blasse Regen fort
und dich selber mit.

Namenloses Zeitenkind,
Baum im Wanderschuh!
Was am Prellstein hockt und sinnt,
das bist nicht mehr du.

Gib dich der verborgnen Hand,
die dich angerührt.
Hebe dich vom Grabenrand.
Geh! Du bist geführt.[65]

Freiräume entdecken

Dieses Wissen, »geführt« zu sein und der inneren Schicksalsfügung vertrauen zu können, entbindet aber nicht von seelischer Aktivität, durch die das bisherige Engagiert- und Tätigsein keineswegs ersetzt, wohl aber ergänzt werden sollte. Hier haben beispielsweise Meditation und spirituelle Übung ihren Platz. Wer bislang nur von seinem Karrieredenken beherrscht wurde und sich vom Konsumzwang gängeln ließ, der wird nach Freiräumen Ausschau halten und Möglichkeiten zu Einkehr und Besinnung suchen: von Zeit zu Zeit, von Tag zu Tag. Eine radikale Kehrtwendung von totaler Extraversion zu einer totalen, etwa lebensverneinenden Introversion kann aber sicher nicht jedermanns Sache sein.

Meister Eckhart, der als Seelenführer exaltierte Nonnen und vom mystischen Aufschwung faszinierte jüngere Ordensbrüder zur Nüchternheit anzuhalten hatte, wußte, daß die spirituelle Übung auch ihre Grenze haben muß, obwohl sie in gewisser Hinsicht auch grenzenlos ist. Ausgedrückt ist dies in Eckharts Mahnung:

Gott in allen Dingen ergreifen

»Der Mensch soll Gott in allen Dingen ergreifen und soll sein Gemüt daran gewöhnen, Gott alle Zeit gegenwärtig zu haben im Gemüt und im Streben und in der Liebe. Achte darauf, wie du deinem Gott zugekehrt bist, wenn du in der Kirche bist oder in der Zelle. Diese selbe Gestimmtheit behalte und trage sie unter die Menge.«[66]

Alltag als Übung

Damit ist das Hineingebundensein in die zwischenmenschlichen und in die beruflichen Pflichten angesprochen. Der Alltag wird – religiös gesprochen – zum Ort der Gottesbegegnung. Es bedarf auch in der zweiten Lebenshälfte keiner besonderen Seelenaufschwünge. Sie stellen eher eine gefährliche »Rückbiegung« dar. Martin Buber warnt, sich aus der Welt zurückzuziehen und einer wirklichkeitsfeindlichen Spiritualität zu verfallen. Karlfried Graf Dürckheim, der vielfach aus den Leitworten des mittelalterlichen »Lebemeisters« Eckhart Anregungen für seine eigene Übungspraxis empfing, spricht daher von dem »Alltag als Übung«, wenn er zeigt, wie von einem in Verantwortung und Hingabe vollzogenen Tun »das Wesen in uns erwacht«. Gemeint ist das Eigentliche unseres Menschseins, das in der alltäglichen Geschäftigkeit jeder Art meist viel zu kurz kommt. Wer angesichts des unabwendbaren Alterns in Depression und Niedergeschlagenheit zu verfallen droht, den verweist Dürckheim auf Möglichkeiten, die den auf eine illusionäre Jugendlichkeit fixierten Menschen in der Regel verschlossen sind, denn:

Grundgefahren – Grundchancen

»Die Grundgefahren menschlichen Lebens (Leiden, Altern, Sterben) werden zu Grundchancen, zu einem neuen Leben. Dreierlei kann menschliches Leben unerträglich machen: die Angst vor der Vernichtung, die Verzweiflung am Absurden und die Trostlosigkeit der Vereinsamung.

Der Mensch sucht Sicherheit, Sinn und Liebe, und wo eines dieser drei völlig fehlt, steht sein Leben vor einer mit natürlichen Mitteln nicht mehr zu überwindenden Schranke. Wo das natürliche Ich an dieser Schranke zerbricht, kann ein neuer Mensch geboren werden. Und wenn für den natürlichen Menschen Leiden, Krankheit und letzten Endes Sterben die großen Feinde sind, die der Arzt bekämpft, so können gerade die auf dem inneren Weg zu einem Sprungbrett werden in eine Wirklichkeit, in der ein neues Leben anfängt; ein Leben, das seinen Sinn im Erfahren und Bezeugen der überweltlichen Wirklichkeit findet und nicht mehr nur im Bestehen, Meistern und Genießen der Welt.«[67]

Diese Gedanken weisen bereits über die eigentliche Lebensmitte hinaus. Sie weisen tief hinein in den Lebensnachmittag und den Lebensabend. Sie wollen keine Illusionen nähren, aber auch nicht der weitverbreiteten Resignation das Wort reden. Dabei wird kein realistisch denkender Mensch die unsägliche Schwere all dessen verharmlosen wollen, was ein Menschenleben seinem irdischen Bestand nach zerstört. Gerade deshalb ist nicht zu unterschätzen, mit welcher geistigen Wegzehrung man die letzten Stationen des Lebenslaufes passiert.

Mut zum Gang in die Tiefe

Es liegt in der Natur der Sache, daß viele diesen Dunkelbereich scheuen, vor allem deshalb scheuen, weil sie sich eine Weltanschauung zurechtgelegt haben, in der die »Tiefe des Seins«, wie Paul Tillich die Transzendenz genannt hat, vielleicht nicht vorgesehen ist.

Gewiß, auf dem Feld der Glaubenswahrheiten ist Nüchternheit geboten, auch ein gewisses Maß an Skepsis. Sie ist vor allem dann angebracht, wenn allzu geschwätzige Jenseitsprediger mit unprüfbaren Schilderungen von »drüben« aufwarten. Der Gang in die Tiefe bleibt keinem erspart. Dieser Gang will aber vorbereitet sein, und zwar nicht erst an den Grenzen unserer Existenz, sondern in ihrer Mitte, also dort, wo die ersten Zeichen zur Kurskorrektur gesetzt werden. Wie wir anhand verschiedener Zeugnisse gesehen haben, handelt es sich um Signale, die auf eine neue Dimension des Seins hinweisen, auf die Chance eines neuen Aufbruchs.

Unterwegs zum Ziel

Mitte des Lebens, Lebensmitte – für viele Menschen eine Zeit, in der sich ungeahnte Probleme ankündigen, auf die die heutige Gesellschaft die jeweils nachwachsende Generation weder vorbereitet noch ihr Orientierung oder Hilfe für eine sinnvolle Gestaltung bietet. Wie wir gesehen haben, hält die spirituelle Tradition der Menschheit mancherlei Verhaltensmuster bereit, die zumindest zeigen, in welcher Weise der angetretene Lebenslauf seinen Fortgang nehmen kann. Und was eine geistoffene Tiefenpsychologie zu leisten vermag, das kann jeder einzelne für sich selbst überprüfen.

Übrigens wies Carl Gustav Jung einmal darauf hin, daß die großen Probleme des Lebens gar nicht dazu daseien, daß man sie »löse«. Vielmehr komme es darauf an, daß wir unablässig an ihnen arbeiteten. Nicht das Ziel, sondern das Streben nach diesem Ziel gibt unserem Leben Inhalt und Sinn.

Anmerkungen

Die Werke von C. G. Jung werden, sofern nicht anders angegeben, nach der Ausgabe der Gesammelten Werke (GW) zitiert, die einschließlich der Brief- und Ergänzungsbände im Walter Verlag Olten vorliegen.

1 Henry F. Ellenberger: Die Entdeckung des Unbewußten I/II. Bern–Stuttgart–Wien 1973.
Gerhard Wehr: Friedrich Nietzsche als Tiefenpsychologe. Oberwil/Schweiz 1987.

2 Carl Friedrich von Weizsäcker, zit. bei Otto Kankeleit: Das Unbewußte als Keimstätte des Schöpferischen. Selbstzeugnisse von Gelehrten, Dichtern und Künstlern. München–Basel 1959, S. 114.

3 Vgl. Gerhard Wehr: Carl Gustav Jung. Leben, Werk, Wirkung. München 1985, S. 91–117.

4 C. G. Jung: Erinnerungen, Träume, Gedanken. Zürich 1962, S. 162 f.

5 A.a.O. S. 165

6 A.a.O. S. 165 f.

7 C. G. Jung: Psychologie und Religion, GW 11, S. 4.

8 Ders.: Psychologie und Alchemie, GW 12, S. 28.

9 Ausführlicher in Gerhard Wehr: Carl Gustav Jung (Anmerkung 3). – Ergänzt werden die Ausführungen durch die Bildmonographie des Autors:
C. G. Jung – Arzt, Tiefenpsychologie, Visionär. Zürich 1990.

10 C. G. Jung: Erinnerungen ..., S. 154 f.

11 Ders.: Zum Gedächtnis Richard Wilhelms (1930), GW 15, S. 69.

12 Ders.: Briefe II, S. 114.

13 Ders.: Das Grundproblem der gegenwärtigen Psychologie, in: Wirklichkeit der Seele. Zürich 1969, S. 24, jetzt in GW 8, S. 402.

14 Balthasar Staehelin: Haben und Sein. Vom Wesen der zweiten Wirklichkeit. Hamburg 1969, S. 191 und 177.

15 C. G. Jung: Theoretische Überlegungen zum Wesen des Psychischen, GW 8, S. 215.

16 Ders.: Über die Archetypen des kollektiven Unbewußten. Ursprünglich als Eranos-Vortrag 1934, dann in:
Von den Wurzeln des Bewußtseins. Zürich 1954. Jetzt in GW 9, Teil I, S. 13.

17 A.a.O.

18 Heinrich Karl Fierz: Die Jungsche Analytische (Komplexe) Psychologie. München 1976, S. 79.

19 Emma Jung: Ein Beitrag zum Problem des Animus, zit. bei Jolande Jacobi: Die Psychologie von C. G. Jung. Zürich–Stuttgart 1967.

20 C. G. Jung: Seelenprobleme der Gegenwart, zit. in Jung: Erinnerungen, Träume, Gedanken. Zürich 1962, S. 408 f.

21 Ders.: Über die Psychologie des Unbewußten, in: GW 7, S. 47.

22 Ders.: Psychologische Typen, in: GW 7, S. 524.

23 Ders.: Grundsätzliches zur praktischen Psychotherapie, in: GW 16, S. 3 f.
24 Gerhard Wehr: Heilige Hochzeit. Symbol und Erfahrung menschlicher Reifung. München 1986.
25 C. G. Jung: Zugang zum Unbewußten, in: Der Mensch und seine Symbole. Olten–Freiburg 1968, S. 79.
26 Jolande Jacobi: Die Psychologie von C. G. Jung, S. 178 und 182.
27 C. A. Meier: Die Bedeutung des Traumes (Lehrbuch der Komplexen Psychologie C. G. Jungs Bd. II). Olten–Freiburg 1972, S. 63 ff.
28 C. G. Jung, in: Der Mensch und seine Symbole, S. 50.
29 Zur Traumtheorie vgl. C. G. Jung: Traumanalyse. Nach Aufzeichnungen der Seminare 1928–1930, hrsg. von William McGuire. Olten–Freiburg 1991, ferner C. A. Meier (Anmerkung 27), S. 177 ff.; Jolande Jacobi (Anmerkung 26), S. 125 f.
30 Weitere Belege in Gerhard Wehr: Friedrich Nietzsche als Tiefenpsychologe. Oberwil 1989.
31 C. A. Meier, S. 22 ff.
32 Barbara Hannah: Begegnungen mit der Seele. München 1985, S. 19.
33 Marie-Louise von Franz: Aktive Imagination in der Psychologie C. G. Jungs, in: Wilhelm Bitter (Hrsg.): Meditation in Religion und Psychotherapie. Stuttgart 1958, S. 143.
Zum Thema ferner: A. N. Ammann: Aktive Imagination. Darstellung einer Methode. Olten–Freiburg 1978.
Hermann Maass: Der Therapeut in uns. Olten–Freiburg 1981.
34 Barbara Hannah, S. 29.
35 Gerhard Wehr: Der innere Weg. Anthroposophische Erkenntnis und meditative Praxis. Reinbek 1983.
36 C. G. Jung: Die Beziehungen zwischen dem Ich und dem Unbewußten, in: GW 7.
37 Ders.: Briefe II, S. 75 f. (1947).
38 Ders.: Erinnerungen, Träume, Gedanken, S. 178.
39 Farbige Abbildungen seiner eigenen Gemälde und Mandalas sind enthalten in: Aniela Jaffé: C. G. Jung – Bild und Wort. Olten–Freiburg 1977.
Gerhard Wehr: C. G. Jung – Arzt, Tiefenpsychologe, Visionär. Zürich 1989.
40 Auch hierzu sind mehrere Fotos in beiden genannten Bildbänden (Anmerkung 39) enthalten.
41 Klaus Harre: Durchbruch zur Persönlichkeit. Freiburg 1985, S. 7.
42 Martin Schuster: Kunsttherapie. Die heilende Kraft des Gestaltens. Köln 1986.
43 K. H. Türk und J. Thies (Hrsg.): Therapie durch künstlerisches Gestalten. Wider die Handlungsverarmung in unserer Zeit. Stuttgart 1986.
Henning Köhler: Kann Kunst heilen. Streiflichter zum Thema Kunst und Therapie, in: Die Drei, Stuttgart. 62. Jahrgang 1992, Nr. 1, S. 34–50.
44 K. H. Türk, in: Therapie durch künstlerisches Gestalten, S. 51.
45 James Hillman: Begegnung mit sich selbst. Psychologie und Religion. Stuttgart 1967, S. 66.
46 Ira Progoff: Das Erwecken der Persönlichkeit. Zürich 1967, S. 166.
47 Marie-Louise von Franz: Psychologische Märcheninterpretation. München 1986.

Dies.: Der Schatten und das Böse im Märchen. München 1985.
Dies.: Die Suche nach dem Selbst. Individuation im Märchen. München 1985.
Dies.: Erlösungsmotive im Märchen. München 1986.
M. Jacoby, V. Kast und I. Riedel: Das Böse im Märchen. Fellbach 1977.
Hans Dieckmann: Gelebte Märchen. Hildesheim 1978.
Eugen Drewermann: Lieb' Schwesterlein, laß mich herein. Grimms Märchen tiefenpsychologisch gedeutet. München 1992.
Eine große Anzahl von Einzelinterpretationen liegt vor u. a. von Verena Kast, Ingrid Riedel, Eugen Drewermann, Lutz Müller, Theodor Seifert, Hildegunde Wöller ...

48 C. G. Jung: Aion. Untersuchungen zur Symbolgeschichte. Zürich 1951, S. 261, jetzt in: GW 9/II.

49 Emma Jung und Marie-Louise von Franz: Die Gralslegende in psychologischer Sicht. Zürich 1960, S. 38.

50 Marie-Louise von Franz: Psychologische Märcheninterpretation. München 1986, S. 37.

51 C. G. Jung: Symbole des Geistes. Zürich 1953, S. 385 f.; jetzt GW 11.

52 Eugen Drewermann: Tiefenpsychologie und Exegese, Bd. I. Olten–Freiburg 1984, S. 527.

53 Dante Alighieri: Göttliche Komödie, übers. von W. G. Hertz. München 1987, S. 7.

54 C. G. Jung: Die Lebenswende, in: GW VIII, S. 451.

55 A.a.O.

56 A.a.O. S. 455 f.

57 Meister Eckhart: Die Gottesgeburt im Seelengrund, hrsg. von Gerhard Wehr. Freiburg, S. 120 f.

58 C. G. Jung: Seele und Tod, in: GW VIII, S. 191.

59 A.a.O.

60 Bernard Lievegoed: Lebenskrisen – Lebenschancen. München 1979, S. 50. – Zur Weiterführung Gerhard Wehr: Lebensmitte – Die Chance des zweiten Aufbruchs. München 1991.

61 Gerhard Adler: Zur Analytischen Psychologie. Zürich 1952, S. 153.

62 Das Gilgamesch-Epos, hrsg. von A. Schott und W. Soden. Stuttgart 1958, zit. in: Aspekte der Analytischen Psychologie. Basel 1975, S. 195.

63 Rivkah Kluger-Schärf, in: Aspekte ... a.a.O. S. 232.

64 Emma Jung und Marie-Louise von Franz: Die Gralslegende in psychologischer Sicht. Zürich 1960, S. 38.

65 Werner Bergengruen: Von der Richtigkeit der Welt. Freiburg, S. 31

66 Meister Eckhart: Deutsche Predigten, hrsg. von J. Quint. München 1969, S. 59.

67 K. Graf Dürckheim: Von der Erfahrung der Transzendenz. Freiburg 1984, S. 168.
Gerhard Wehr: Karlfried Graf Dürckheim – Ein Leben im Zeichen der Wandlung. München 1988.

Anhang

Was bringt der Gang zum Psychotherapeuten?

Der Gang zum Psychotherapeuten ist längst keine außerordentliche Angelegenheit mehr. In gewissen Kreisen gilt es geradezu als schick, wenn man sagen kann: »Meine Therapeutin« oder »mein Analytiker« hat mir dies und das geraten. Dennoch gibt es eine Reihe von Fragen, von deren Beantwortung bisweilen die Entscheidung des einzelnen abhängt, sich einer Psychotherapie zu unterziehen bzw. einer dementsprechenden ärztlichen Empfehlung Folge zu leisten.

Wann ist eine Therapie empfehlenswert?

Das entscheidende Indiz hierfür ist das Auftauchen von Schwierigkeiten, die man verallgemeinernd den »Leidensdruck« nennt. Er kann sich aus sogenannten psychosomatischen Belastungen ergeben, die weder durch die herkömmliche Medizin, die allopathische, die homöopathische noch durch sonstige »alternative« Heilweisen wirksam angegangen werden können oder die eine psychotherapeutische Ergänzung nötig erscheinen lassen. Der behandelnde Arzt wird dann eine entsprechende Empfehlung geben.

Andere Leiden sind spezifisch psychischer Natur, z. B. Ängste, besonders starke Gefühle der Minderwertigkeit, die bis zu einem körperlichen Unvermögen gehen können, sodann zwischenmenschliche Probleme, die mit »guten Ratschlägen« oder Sachinformationen nicht zu beheben sind. Das Spektrum solcher in den Bereich neurotischer Störungen gehörender Erscheinungen ist ebenso groß.

Wer kommt als Therapeut in Frage?

Diese Frage ist aus mehreren Gründen nicht leicht zu beantworten. Einerseits ist der Bedarf groß. Das zeigt sich daran, daß erfahrene Psychotherapeuten bzw. Psychoanalytiker in der Minderzahl sind. Meist haben sie lange Wartelisten. Entscheidend ist die Dringlichkeit, also die Intensität des Leidensdruckes.

Andererseits bedienen sich auch einige im Heilberuf tätige Personen dieser (noch nicht geschützten) Bezeichnung. Abgesehen von den individuellen Fähigkeiten der betreffenden Person kann der Klient bzw. Patient in der Regel nicht wissen, welcher Schulrichtung der Therapeut angehört und welche Therapieweisen er verwendet. Es müßte zuerst ermittelt werden, ob beispielsweise die klassische Psychoanalyse Freuds, eine von ihr abgeleitete Analyse oder die Analytische Psychologie C. G. Jungs in Anwendung kommt oder ob eine nichtanalytische, d. h. nicht in die Bezirke des Unbewußten hineinreichende Therapie ausgeübt wird. Wann die eine, wann die andere im konkreten Fall zu verordnen ist, kann auch nicht annähernd durch eine Faustregel angegeben werden.

Wer sich mit seinen Problemen einem analysierenden Psychotherapeuten bzw. einer Therapeutin anvertraut, der sollte sich vergewissern, daß diese(r) die von seiner bzw. ihrer Berufsvertretung geforderten Qualitäten besitzt. Ärzte, die über eine entsprechende Qualifikation verfügen, dürfen in Briefkopf und Türschild die Bezeichnung »Psychotherapie« oder »Psychoanalyse« führen. Eine andere für den nach einem Therapeuten suchenden Patienten wichtige Information kann dessen Zugehörigkeit zu einer Standesorganisation sein. Folgende Abkürzungen signalisieren, daß der Therapeut (Arzt oder therapierender Psychologe) eine der betreffenden Schulrichtung gemäße Ausbildung absolviert hat:

DGAP = Deutsche Gesellschaft für Analytische Psychologie (C. G. Jung)
DPG = Deutsche Psychoanalytische Gesellschaft (S. Freud)
DGPT = Deutsche Gesellschaft für Psychotherapie und Tiefenpsychologie
DGGK = Deutsche Gesellschaft für Gestalttherapie und Kreativitätsförderung
MAP = Münchner Arbeitsgemeinschaft für Psychoanalyse

Ferner sind in der Internationalen Gesellschaft für Tiefenpsychologie Ärzte und Psychotherapeuten verschiedener Schulrichtungen und Sozialarbeiter zusammengeschlossen.

Entscheidend für die tiefenpsychologisch fundierte Psychotherapie ist, daß der Analytiker, abgesehen von seiner theoretischen Ausbildung, eine eingehende Lehranalyse absolviert hat, also über ein entsprechendes Maß an Eigenerfahrung verfügt.

Couch oder Nichtcouch

Die seit den Tagen Sigmund Freuds sprichwörtliche Analytiker-Couch ist keinesfalls das überall obligatorische Mobiliar eines Therapeuten. Für die in der Psychoanalyse angewandte »freie Assoziation«, d. h. das unwillkürliche Mitteilen von Erinnerungen, Gefühlen und Empfindungen, kann die Ruhelage hilfreich sein. Von Fall zu Fall setzt der Jungsche Analytiker die Couch ebenfalls ein. Doch da gibt es keine starre Regelung. Hier herrscht der wechselseitige Dialog, der dem Klienten ein hohes Maß an freier Entfaltung seiner Kreativität einräumt. Das drückt sich schon durch die Art der Begegnung aus. Der Analytiker sitzt dem Analysanden gegenüber. Das entspricht jedenfalls dem Wesen der Analytischen Psychologie, die jede als künstlich empfundene Couch-Situation vermeidet und ein offenes partnerschaftliches Gegenübersein vorzieht. Von Partnerschaft (von lat. »pars«, Teil) kann insofern die Rede sein, als Analysand und Analytiker jeder für sich an dem gemeinsam erlebten Prozeß teilhaben, den die Beiträge des einen wie des anderen bereichern.

Was geschieht?

Die Sorge manches Patienten, er müsse sich gleichsam einem Seelen-Striptease unterziehen und er werde einem unangenehmen Verhör unterzogen, ist hier ebenso unbegründet wie bei einem Allgemeinarzt. Wie bei diesem, so steht am Anfang jeder Behandlung eine ausführliche Anamnese oder das Erstinterview. Es handelt sich hierbei um die Wiedergabe von Erinnerungen, die sich auf den eigenen Lebenslauf beziehen, auf die familiäre, gesellschaftliche und berufliche Situation, ehe von den speziellen Belastungen die Rede sein kann. Das geschieht in der Form eines freimütigen Wechselgesprächs. Selbstverständlich wird zuvor die Art des gemeinsamen Vorgehens besprochen. Es kommt zu einem »analytischen Arbeitsbündnis«, ganz abgesehen davon, daß auch die finanzielle Seite (Beteiligung der Krankenkasse) zu klären ist.

Wichtig für die in einem möglichst regelmäßigen Turnus vereinbarten Stunden ist es, daß der Analysand seine Träume aufnotiert und mitteilt. Dabei geht es nicht in erster Linie darum, was der Analytiker darüber denkt, sondern darum, welche Einfälle (Assoziationen) und Empfindungen dem Klienten kommen. Im Gespräch ist behutsam zu ermitteln, wie sich etwa Traumbilder und die dazugehörigen Gefühle und Einfälle zum realen Alltagsleben verhalten. Das Aufzeichnen und Erzählen von Träumen kann nicht vollständig genug sein. Irgendwelche quasipsychologischen eigenen Deutungsversuche sollten unterbleiben. Sie stören nur die erforderliche Unvoreingenommenheit.

Dauer der Behandlung

Abgesehen davon, daß die ärztlich verordnete Psychotherapie von der Krankenkasse nur eine begrenzte Zeit gewährt und gegebenenfalls erneut beantragt werden muß, läßt sich vorweg niemals sagen, wie lange die therapeutische Behandlung dauern soll. Es kann sich – je nach Fall – um eine Kurztherapie von wenigen Monaten handeln. Die Behandlung kann sich aber auch über einige Jahre erstrecken, wobei unterschiedliche Vorgehensweisen angezeigt scheinen können.

All das ist ohnehin von mancherlei Faktoren abhängig. Sie liegen vor allem beim Patienten und bei seinen Bedürfnissen. Zum anderen ist von Belang, wie sich die Behandlung (sofern man sie so nennen will) in dem sich aufbauenden Beziehungsverhältnis der beiden Personen gestaltet. Es mag sein, daß sich in bestimmten Fällen ein Wechsel des Therapeuten empfiehlt. Da jede Form der Psychotherapie ihre besonderen Möglichkeiten und auch ihre Grenzen hat, kann der Analytiker unter Umständen das Überwechseln zum Vertreter einer anderen Schulrichtung vorschlagen. Daß man eine abrupte Beendigung der Analyse vermeiden und in irgendeiner Form einen Übergang anstreben wird, versteht sich von selbst. Vielfach ist es eine Hilfe, wenn der Therapeut nach Abschluß der regulären Behandlung die Möglichkeit zu einer etwaigen kurzfristigen Wiederaufnahme der Therapie einräumt.

Und der Ertrag?

Grundsätzlich kann von keiner medizinischen Behandlung, somit auch nicht von irgendeiner Methode der Psychotherapie erwartet werden, daß sie gleichsam automatisch und mit zwingender Notwendigkeit zu einem gewünschten Heilerfolg führt. Was die Psychotherapie anlangt, so liegt es in der Natur dieser Disziplin, daß bereits die Tatsache der sich über geraume Zeit erstreckenden Zuwendung des Analytikers hoch zu veranschlagen ist. An der Seite eines Wegkundigen in einem unbekannten Land kann man Erfahrungen machen, deren bereichernde Wirkung spürbar bleibt. Jedenfalls wiegt Selbsterfahrung schwerer als die bloße Aneignung von erlernbarem und nachlesbarem psychologischem Wissen.

C. G. Jung hat nachdrücklich darauf hingewiesen, worin er seine Aufgabe als Seelenarzt nicht sieht, nämlich nicht darin, seinen Patienten nur die Symptome ihres Leidens wegzukurieren oder sie lediglich als »funktionsfähig« in die bisherige Lebensform zu entlassen. Positiv ausgedrückt könnte man sagen: Psychotherapie sollte dazu führen, daß einerseits eine durch Bewußtseinsintensivierung herbeigeführte neue Sicht der eigenen Lebenswirklichkeit eröffnet wird. Andererseits sollte sie den Patienten befähigen, sich und sein Schicksal mit Zuversicht und Gleichmut anzunehmen, wenn sich herausstellt, daß weder eine medizinische noch eine andere Abhilfe gefunden werden kann. Die heilende, weil auf die Lebensganzheit ausstrahlende Wirkung hängt mit der zu gewinnenden positiven Einstellung eng zusammen. Das entspricht einem qualitativen Zugewinn an Leben, das sich lohnt, auch im wechselnden Auf und Ab der Situationen gelebt zu werden.

Weiterführende Literatur

C. G. Jung bei Gerhard Wehr

Gerhard Wehr: C. G. Jung – Arzt, Tiefenpsychologe, Visionär (Bildbiographie). Zürich 1989.

Gerhard Wehr: C. G. Jung und Rudolf Steiner – Konfrontation und Synopse. Zürich 1990.

Gerhard Wehr: Carl Gustav Jung – Leben, Werk, Wirkung. München 1985.

Gerhard Wehr: Carl Gustav Jung in Selbstzeugnissen und Bilddokumenten, 15. Aufl. Reinbek 1991.

Gerhard Wehr: Heilige Hochzeit – Symbol und Erfahrung menschlicher Reifung. München 1986.

Gerhard Wehr: Lebensmitte – Chance des zweiten Aufbruchs. München 1991.

Gerhard Wehr: Martin Buber. Zürich 1968.

Gerhard Wehr: Philosophie auf der Suche nach der Wahrheit. Augsburg 1990.

Gerhard Wehr: Tiefenpsychologie und Christentum – C. G. Jung. Augsburg 1990.

Gerhard Wehr: Auf dem Wege zu einer geisteswissenschaftlich fundierten Psychotherapie. Freiburg 1992.

Zur Einführung

Hans Dieckmann: Methoden der Analytischen Psychologie – Eine Einführung. Olten 1979.

Marie-Louise von Franz: Psychologische Märcheninterpretationen – Eine Einführung. München 1986.

Helmut Hark: Der Traum als gottvergessene Sprache – Symbolpsychologische Deutung biblischer und heutiger Träume. Olten 1988.

Jolande Jacobi: Die Psychologie von C. G. Jung. Frankfurt a. M. 1988.

Jolande Jacobi: Vom Bilderreich der Seele. Olten 1989.

Gerhard Wehr: Carl Gustav Jung in Selbstzeugnissen und Bilddokumenten, 15. Aufl. Reinbek 1991.

Wörterbücher und Lexika

Wilhelm Arnold, Hans J. Eysenck und Richard Meili: Lexikon der Psychologie, 3 Bde. Freiburg 1980.

Werner D. Fröhlich: dtv-Wörterbuch zur Psychologie. München.

Andrew Samuels, Bani Shorter und Fred Plaut: Wörterbuch Jungscher Psychologie. München 1989.

C. G. Jung im Gesamtwerk

C. G. Jung: Gesammelte Werke.

Bd. 1: Psychiatrische Studien. Olten 1989.
Bd. 2: Experimentelle Untersuchungen. Olten 1987.
Bd. 3: Psychogenese der Geisteskrankheiten. Olten 1985.
Bd. 4: Freud und die Psychoanalyse. Olten 1985.
Bd. 5: Symbole der Wandlung. Olten 1988.
Bd. 6: Psychologische Typen. Olten 1986.
Bd. 7: Zwei Schriften über Analytische Psychologie. Olten 1981.
Bd. 8: Die Dynamik des Unbewußten. Olten 1987.
Bd. 9/I: Die Archetypen und das Kollektive Unbewußte. Olten 1983.
Bd. 9/II: Aion – Beiträge zur Symbolik des Selbst. Olten 1985.
Bd. 10: Zivilisation im Übergang. Olten 1986.
Bd. 11: Zur Psychologie westlicher und östlicher Religion. Olten 1988.
Bd. 12: Psychologie und Alchemie. Olten 1984.
Bd. 13: Studien über alchemistische Vorstellungen. Olten 1988.
Bd. 14/I, II: Mysterium Coniunctionis. Olten 1984.
Bd. 14/III: Ergänzungsband. Olten 1984.
Bd. 15: Über das Phänomen des Geistes in Kunst und Wissenschaft. Olten 1984.
Bd. 16: Praxis der Psychotherapie. Olten 1984.
Bd. 17: Über die Entwicklung der Persönlichkeit. Olten 1988.
Bd. 18/I, II: Das symbolische Leben. Olten 1981.
Bd. 19: Bibliographie. Olten 1983.
Suppl.-Bd.: Seminare – Kinderträume. Olten 1987.
Suppl.-Bd.: Seminare – Traumanalyse. Olten 1991.

C. G. Jung: Taschenbuchausgabe in Einzelbänden. München 1990.

Antwort auf Hiob
Archetypen
Die Beziehungen zwischen dem Ich und dem Unbewußten
Seelenprobleme der Gegenwart
Synchronizität, Akausalität und Okkultismus
Traum und Traumdeutung
Typologie
Wirklichkeit der Seele

Anschriften von wissenschaftlichen Gesellschaften und Instituten

C. G. Jung-Institut Zürich
»Seehof«, Hornweg 28, CH-87 Küsnacht
Tel. 01/910 53 23

Deutsche Gesellschaft für Analytische Psychologie (DGAP)
Wedellstraße 16–18, D-1000 Berlin 46
Tel. 030/774 55 61

Schweizerische Gesellschaft für Analytische Psychologie (SGfAP)
Postfach 115, CH 8042 Zürich

Österreichische Gesellschaft für Analytische Psychologie (ÖGAP)
Hochmaisgasse 4/1/3, A-1130 Wien
Tel. 0222/531 10

Internationale Gesellschaft für Tiefenpsychologie e. V.
Erweiterte Gemeinschaft Arzt und Seelsorger
Postfach 1147, D-7310 Plochingen
Tel. 07153/210 62

Münchner Arbeitsgemeinschaft für Psychoanalyse (MAP)
Bauerstr. 15, D-8000 München 40
Tel. 089/271 59 66

Zeitschriften:

Das offizielle Organ der Deutschen Gesellschaft für Analytische Psychologie, der SGfAP, der ÖGAP und der Internationalen Gesellschaft für Tiefenpsychologie e. V. ist die vierteljährlich erscheinende Zeitschrift *»Analytische Psychologie«*. Sie erscheint im S. Karger Verlag für Medizin und Naturwissenschaften Basel–München–Paris.

Ferner: *»Gorgo«*.
Zeitschrift für archetypische Psychologie und bildhaftes Denken (seit 1979) im Schweizer Spiegel Verlag in Zürich.

Register